西部地区改革发展研究丛书

车茂娟 ○ 著

新常态下
四川经济转型发展研究

西南财经大学出版社
Southwestern University of Finance & Economics Press

中国·成都

图书在版编目（CIP）数据

新常态下四川经济转型发展研究/车茂娟著 . —成都:西南财经大学出版社，
2018.10
ISBN 978-7-5504-3431-8

Ⅰ.①新… Ⅱ.①车… Ⅲ.①区域经济—转型经济—研究—四川
Ⅳ.①F127.71

中国版本图书馆 CIP 数据核字（2018）第 066442 号

## 新常态下四川经济转型发展研究
车茂娟 著

责任编辑:廖韧
助理编辑:詹丹妮
责任校对:王青清
封面设计:何东琳设计工作室
责任印制:朱曼丽

| | |
|---|---|
| 出版发行 | 西南财经大学出版社(四川省成都市光华村街55号) |
| 网　　址 | http://www.bookcj.com |
| 电子邮件 | bookcj@foxmail.com |
| 邮政编码 | 610074 |
| 电　　话 | 028-87353785　87352368 |
| 照　　排 | 四川胜翔数码印务设计有限公司 |
| 印　　刷 | 四川五洲彩印有限责任公司 |
| 成品尺寸 | 170mm×240mm |
| 印　　张 | 9.5 |
| 字　　数 | 176 千字 |
| 版　　次 | 2018 年 10 月第 1 版 |
| 印　　次 | 2018 年 10 月第 1 次印刷 |
| 书　　号 | ISBN 978-7-5504-3431-8 |
| 定　　价 | 68.00 元 |

# 引言

　　2014 年 11 月，习近平总书记在亚太经合组织工商领导人峰会上首次对"新常态"进行系统阐述，表明我国经济发展自此进入新常态发展时期。而当前，我国正式迈入新常态的新阶段，经济增速正从高速增长转向高质量增长，经济发展动力正从传统增长点转向新的增长点。主动适应经济新常态的新阶段，寻找、培育新的发展动力，促进经济结构优化调整，也是四川经济发展的重大课题。过去，四川经济结构主要表现为：需求结构以投资为主，内外需发展不足；供给结构以要素投入为主，创新动力不足；产业结构以工业为主，服务业发展不足；区域结构以成都经济区为主，区域协调发展不足。适应新时期、新常态的新要求，推动四川经济发展的新旧动力正处在转变之中，四川经济结构不断优化调整，四川经济加快转型发展，这主要表现在：一是需求结构由投资带动逐步向内外需协调拉动转变，二是供给结构由要素规模扩张带动向质量提升带动转变，三是产业结构由工业带动向三产联动转变，四是区域结构由成都经济区带动向多点多极发展转变。本书在对新常态和经济转型进行分析和总结的基础上，对新常态下四川经济的发展趋势进行了分析研判，从产业结构、劳动力供需结构、投资结构、居民消费结构、区域结构等方面对新常态下四川经济转型发展的现状和问题进行了专题研究，并对新常态下的新动能进行了探索，希望为新常态下四川寻找经济发展新动能提供一定的参考。

# 目录

# 第一章  新常态与经济转型

本章主要梳理新常态的概念、对新常态的主要表述和认识，及其与相关理论的关系，并确定本书论及的"新常态"概念的内涵和外延。

## 第一节  对新常态的认识

### 一、新常态的提出与不同论述

（一）关于新常态的提出

李扬（2015）在中国经济 50 人论坛上指出，新常态一词最早在 2002 年见诸西方媒体，其主要是指自 2002 年起，西方主要发达经济体经济的运行情况和过去有很大的不同，出现了无就业增长的经济复苏现象。①

2009 年年初，美国太平洋基金管理公司首席投资官格罗斯和总裁埃里安在"探讨危机后美国各个经济领域复苏和发展新模式"的论坛上首次提出"New Normal"，以预言 2008 年国际金融危机后可能的世界经济增长长期态势。2010 年，埃里安发表《驾驭工业化国家的新常态》一文，指出新常态是危机后的世界经济新特征。此后，国外的媒体和理论界经常使用这个概念，用来表述新常态下发达经济体的低增长、高失业率以及投资的低回报率等经济特征。2014 年，埃里安对新常态做了进一步阐释。他指出，新常态主要是指西方发达经济体将在 2008 年金融危机过后陷入长期疲弱、失业率高的境地。造成这一状况的直接原因是超高的杠杆比率、过度负债、不负责任地承担高风险、信贷扩张等，发达经济体要消化这些负面冲击需要较长时间。另外，决策当局因

---

① 李扬. 为何全球都在谈"新常态"［EB/OL］. （2015-10-02）. http://finance.sina.com.cn/zl/china/20151002/085923398845.shtml.

循旧制的经济政策，也会使这一新常态长期化。在埃里安看来，由于新常态是一个基于长周期的变化，所以正常的宏观调控政策是不能够应对的，必须采取超常的政策。

2014年，国际货币基金组织总裁拉加德指出，新常态可以更贴切地表述为全球发展的"新平庸"，其基本表现是弱复苏、慢增长、低就业、高风险。

在国内，新常态概念和中国经济转型升级的新发展阶段密切相连。虽然中国学者在2014年之前也使用这个概念，但是使用得不多。习近平总书记2014年5月考察河南的时候使用了这个概念，明确指出中国经济发展已经进入一个新的阶段。他指出，中国发展仍处于重要战略机遇期，要增强信心，从当前中国经济发展的阶段性特征出发，适应新常态，保持战略上的平常心态。2014年11月，习近平总书记在亚太经合组织工商领导人峰会上首次对"新常态"进行了系统阐述，提出了新常态的三个特点、四个机遇和一个挑战。新常态的三个特点是：一是从高速增长转为中高速增长，二是经济结构不断优化升级，三是从要素驱动、投资驱动转向创新驱动。新常态的四个机遇是：一是经济增速虽然放缓，实际增量依然可观；二是经济增长更趋平稳，增长动力更为多元；三是经济结构优化升级，发展前景更加稳定；四是政府大力简政放权，市场活力进一步释放。新常态的一个挑战是：新常态也伴随着新问题、新矛盾，一些潜在风险渐渐浮出水面。能不能适应新常态，关键在于全面深化改革的力度。

2014年12月，中央经济工作会将新常态进一步上升为中国目前及未来一段时期经济发展的大战略。习近平总书记从九个方面全面论述了中国经济新常态的表现、成因，以及发展方向，明确地指出我国经济发展进入新常态是我国经济发展阶段性特征的必然反映。按照中央经济工作会议对经济发展新常态内涵的描述，我国经济正在向形态更高级、分工更复杂、结构更合理的阶段演化，经济发展进入新常态，经济增速正从高速增长转向中高速增长，经济发展方式正从规模速度型粗放增长转向质量效率型集约增长，经济结构正从增量扩能为主转向调整存量、做优增量并存的深度调整，经济发展动力正从传统增长点转向新的增长点。

此后，国内学者对如何认识新常态、适应新常态、引领新常态进行了各种解读。

从中国经济发展阶段来看，黄益平、苟琴、蔡昉认为，中国正在经历从"经济奇迹"到"常规发展"的重大转变，这些变化构成了中国经济的新常态。① 王一鸣认为，所谓新常态，主要是指中国经济增长从高速增长进入中高速增长，这是外部因素和内在条件相互作用的结果，是符合经济发展内在逻辑的变化过程。外部因素主要是指国际金融危机以来持续释放的负面影响，其是经济增长阶段性变化的"导火索"。内部因素主要是指支持国内经济增长的条件出现新特点。但从根本上来说，经济增长阶段性转换是由内生条件决定的。从旧常态进入新常态，虽表现出经济减速换挡，但其本质上是发展方式转变的过程。② 金碚从认识论角度对新常态进行了阐释，他认为经济新常态实质上是关于经济发展某一阶段的长期现象和历史特征的现实描述和理论刻画。其认识对象就是由经济发展的客观规律性所决定的某一历史阶段的整体性的"正常"现象。所谓"正常"现象，实际上就是长时期内发生的普遍性、"大多数"或"大概率"的现象。当前所呈现的经济发展新常态的特点具有深刻的历史渊源，是一系列长期性因素所决定的"大时代""大趋势""大逻辑"现象。③

从世界经济发展的角度来看，简新华、郭洋志认为，西方媒体出现的"新常态"是"后危机时代全球（主要是占主导地位的发达经济体）经济新特征的专用名词"，其经济特征被概括为"低增长、高失业率以及投资的低回报率"④。李扬、张晓晶认为，如果说全球新常态是对未来世界经济趋势的一种悲观认识，那么，中国新常态则包含着经济朝向形态更高级、分工更细致、结构更合理的阶段演化的积极的内容。⑤

从如何理解新常态来看，李扬认为，"何以有旧、新之别？旧、新是如何转换的？理解这些问题有四个要点：第一个要点是'新常态'是相对于'旧常态'而言的，'新常态'以全球危机为界；第二个要点是这是一个常态，常态的概念告诉我们，这个事情不是周期性事件，不会很快就过去；第三个要点是新常态蕴含着发展的动力，但这种动力只是一种可能性，并不必然导向我们希望的结果；第四个要点是在全球化背景下，新常态具有普遍性、全球性特征"⑥。李稻葵提出，"许多分析家认为，中国经济新常态的基本点就是增长速

① 黄益平，苟琴，蔡昉.增长趋势放缓将是中国经济新常态 [J].决策探索（下半月），2013（7）：12-13.

② 王一鸣.全面认识中国经济新常态 [J].政策瞭望，2014（12）：52-54.

③ 金碚.中国经济发展新常态研究 [J].中国工业经济，2015（1）：5-18.

④ 简新华，郭洋志.中国经济发展新常态的几种误读 [J].新疆师范大学学报，2015（5）：36-41.

⑤ 李扬，张晓晶."新常态"：经济发展的逻辑与前景 [J].经济研究，2015（5）：4-19.

⑥ 李扬.解读中国经济新常态 [M].北京：社会科学文献出版社，2015.

度的逐步下降，以及债务水平的逐步调整。这些分析不一定全面，原因在于这些分析过多地关注宏观经济的表现，而我们需要更加深入地分析中国经济新常态的一些内涵，即哪些潜在的非常重要的经济、社会现象将决定中国宏观经济的新常态表现"①。杨于泽认为，正确理解"新常态"，还有一个因地制宜的问题，必须避免机械的、教条的思维。中国近三十多年的发展，是由沿海向中西部梯度推进的，增长不是"一二一"齐步走。经济"新常态"，绝不会是东、中、西部一个样。这种"新常态"的非均衡性意味着，今后我国中高速的发展仍将延续区域发展、区域竞争的特征，中西部地区仍然机会多多，发展大有潜力可挖。②

（二）关于新常态的内涵

刘伟、苏剑认为，所谓"新常态"，是指在新的发展阶段，出现的新机遇、新条件、新失衡等，正逐渐成为经济发展中较长时期稳定存在的特征。③王一鸣认为，中国经济进入新常态，是传统增长稳态向新的增长稳态的转换过程，是经济结构重构和发展动力重塑的过程，提高效率和效益成为未来中国经济的主旋律。也就是说，新常态是经济从高速增长向高效增长阶段跃升的过程，是中国经济由"大"变"强"的必经历程。④齐建国等认为，所谓新常态，就是经济发展的环境、发展的阶段发生变化，经济发展特征从一种状态转向另一种状态。⑤简新华、郭洋志认为，新常态的本质是中国经济发展由高速而不平衡、不协调、不可持续、效益不高的状态逐步转向速度合理而且发展比较平衡、协调、能够持续、效益较高的状态，简单地说就是"提质增效"，而深化改革、完善社会主义市场经济体制，只是实现这种状态的根本途径。⑥

（三）关于新常态的特征

从增长速度和质量方面来看，王一鸣、吴敬琏认为，从过去的高速增长转向中高速增长、从规模速度型粗放增长转向质量效益型集约增长是新常态的基本特征。⑦李扬、张晓晶认为，新常态意味着我们对经济质量、效益、创新、

---

① 李稻葵. 新常态改变中国［M］. 北京：民主与建设出版社，2015.

② 杨于泽. 评论："新常态"下各地不要再一味追求高速发展［EB/OL］. politics.people.com. cn/n/2014/0811/c70731-25442593.html.

③ 刘伟，苏剑. "新常态"下的中国宏观调控［J］. 经济科学，2014（4）：5-13.

④ 王一鸣. 全面认识中国经济新常态［J］. 政策瞭望，2014（12）：52-54.

⑤ 齐建国，王红，彭绪庶，等. 中国经济新常态的内涵和形成机制［J］. 经济纵横，2015（3）：7-17.

⑥ 简新华，郭洋志. 中国经济发展新常态的几种误读［J］. 新疆师范大学学报，2015（5）：36-41.

⑦ 吴敬琏. 准确把握新常态的两个特征［N］. 北京日报，2015-05-04.

生态文明和可持续发展的追求。① 张占斌等认为，新常态的新特征和新趋势主要是增长速度由高速向中速转换，发展方式从规模速度型粗放增长向质量效益型集约增长转换，产业结构由中低端水平向中高端水平转换，增长动力由要素驱动、投资驱动向创新驱动转换，资源配置由市场起基础性作用向起决定性作用转换，经济福祉由非均衡型向包容共享型转换。②

从增长速度和结构方面来看，管清友认为，新常态核心特征，一是增长速度的新常态，即从高速增长向中高速增长换挡；二是结构调整的新常态，即从结构失衡到优化再到平衡；三是宏观政策的新常态，即保持政策定力，消化前期刺激政策，从总量宽松、粗放刺激转向总量稳定、结构优化。③ 简新华认为，中国经济发展新常态的主要特征是：一是经济增长速度呈现出 5%～7% 的中高速增长，起伏波动较小；二是在经济结构状况上，产业结构优化升级，进入中高层次，基本实现高质量的、健康的新型城镇化，城乡差距和地区差距逐步缩小，城乡、地区基本实现协调平衡发展；三是在经济发展水平上，达到中高收入水平、技术水平、居民生活水平（生活质量）；四是在经济发展成效方面，经济效益、生态效益和社会效益较高，资源节约，环境友好，贫富差距缩小，发展成果共享；五是在宏观经济状况方面，就业稳定增加、物价起伏波动较小、财政收入增长合理、财政收支基本平衡、财政赤字和政府债务减少、国际收支基本平衡、国际贸易基本平衡、外汇结余适度、人民币币值合理变动。④

从影响增长的要素方面来看，刘伟、苏剑认为，新常态下中国经济增长率下降，成本推动型通货膨胀将成为常态，通货膨胀的结构性特征将更为明显；随着劳动力短缺的出现，就业压力将减轻，消费占比将提高，产业结构将向资金密集型和知识密集型产业转换；"后发优势"越来越弱，技术进步将不得不越来越多地依靠自主创新。经济发展会出现学习型技术进步的空间越来越小、技术进步的成本加大、投资收益率下降、外需拉动型经济增长方式难以为继的情况。⑤

从经济发展改革方面来看，金碚认为，经济发展新常态的特点之一是在各

① 李扬，张晓晶．"新常态"：经济发展的逻辑与前景［J］．经济研究，2015（5）：4-19.
② 国家行政学院经济学教研部．中国经济新常态［M］．北京：人民出版社，2015.
③ 管清友．习近平常态：未来10年中经济大趋势［J］．上海经济，2014（6）：8-10.
④ 简新华，郭洋志．中国经济发展新常态的几种误读［J］．新疆师范大学学报，2015（5）：36-41.
⑤ 刘伟，苏剑．"新常态"下的中国宏观调控［J］．经济科学，2014（4）：5-13.

个领域中全面深化改革，并平衡好经济发展的短期和中长期目标的取舍。"稳增长"着眼近期，"调结构"着眼中期，"促改革"着眼长期。[①]

从增长速度和动力方面来看，刘培林认为，"新常态"下经济增长速度会有所降低，但与全球范围其他经济体特别是发达经济体相比，仍然有望保持较高水平。推动增长的主要动力是主要依靠转型升级、生产率提高和多元化的创新，以及服务业的快速发展。[②]

**二、本书对新常态的认同和界定**

"新常态"就是指由过去的状态向一种新的相对稳定的常态的转变，是一个全面、持久、深刻变化的时期，是一个优化、调整、转型、升级并行的过程。党的十八大以来，我国经济、政治、文化和社会生活方面面呈现出一系列新常态，主要有经济新常态、从严治党新常态、社会治理新常态、文化强国新常态、生态文明新常态，等等。

本书论及的新常态主要是指经济新常态。经济发展进入新常态，实质上是我国经济发展已经进入高效率、低成本、可持续发展的中高速增长阶段。从速度层面来看，经济增长速度从高速增长转为中高速增长，经济增长的质量和内涵发生质的变化；从结构层面来看，经济结构发生全面深刻变化，不断优化升级；从动力层面来看，经济发展从要素驱动、投资驱动转向创新驱动；从风险层面来看，生态环境和一些不确定性风险将进一步显现。

# 第二节　对经济转型的认识

经济转型指的是资源配置和经济发展方式的转变，包括发展模式、发展要素、发展路径等的转变。从国际经验来看，不论是发达国家还是新型工业化国家，无一不是在经济转型升级中实现经济持续快速发展的。

中华人民共和国成立以来，我国经历了两次经济体制的转型：第一次经济转型是在 1949 — 1956 年，此次转型是由半市场经济体制转变为计划经济体制；第二次经济转型始于 1978 年并持续至今，此次转型是由计划经济体制转变为社会主义市场经济体制。1978 年改革开放以来，我国地区生产总值平均

---

① 金碚. 中国经济发展新常态研究 [J]. 中国工业经济, 2015 (1): 5-18.
② 王子约, 重华. 确认 "新常态": 中国容忍经济放缓 [N]. 第一财经日报, 2014-05-13.

每年实现 10% 左右的增长。但经济快速发展的同时也伴随着一系列突出矛盾，主要包括：产业结构失衡、高新技术占比较低，区域发展不协调，东中西、城市和农村发展不平衡，收入分配不均，贫富差异较大，环境污染问题严重，等等。因此，自 1995 年以来，对于转变增长方式，无论是理论界还是政府部门均在不断探索。

吴敬琏认为，经济发展方式由粗放发展到集约发展的转变是我国制订"九五"（1996—2000 年）计划时提出来的，到今天依然未能实现，其中最大的阻碍是体制问题。[①] 林兆木从经济转型升级的必要性方面出发，提出中国经济转型升级是到 2020 年全面建成小康社会的必然要求和重要内容。他认为研究中国经济转型升级的目标和内涵，应同党的十八大提出的目标、任务、战略和重大举措紧密联系和统一起来。故而，中国经济转型升级的目标就是"推动经济更有效率、更加公平、更可持续地发展"。一是推动中国经济转型升级。这不是说速度不重要，党的十八大提出的 2020 年"两个翻一番"就是对速度的要求，而且提出实现这个速度是"在发展平衡性、协调性、可持续性明显增强的基础上"。二是中国经济转型升级不仅是经济总量提升，更重要的是经济发展方式转型、经济结构升级。三是大幅度提高经济增长质量和效益，是中国经济转型升级最重要的标志。四是经济发展与资源节约型、环境友好型社会建设协调推进，加快发展绿色、低碳、循环经济，这是中国经济转型升级的重要内涵。五是发展成果合理分配，逐步实现全体人民共同富裕，这是中国经济转型升级的重要内涵，也是它的根本目的。六是中国经济转型升级的内涵还应包括发展动力机制的转型和升级。[②]


## 第三节　新常态下经济转型的内在逻辑


新常态下，经济发展的客观条件发生变化，中国经济必然从高速增长转向中高速增长，从结构不合理转向结构优化，从要素投入驱动转向创新驱动，从隐含风险转向面临多种挑战。经济发展从过去的传统粗放型转为高效率、低成本、可持续型，这就要求我们在宏观调控上将转方式、调结构放在更加突出的位置。进入新常态，也进入了转型升级的关键时期，打造中国经济升级版，就

---

① 吴敬琏. 中国经济转型 20 年困局何在？[J]. 财经界，2015（5）：52-56.
② 林兆木. 中国经济转型升级势在必行 [J]. 经济纵横，2014（1）：17-22.

要爬坡过坎，从粗放到集约，从低端到高端，结构调整的任务更加艰巨。

关于新常态下经济转型的必要性，刘志彪认为，经济发展进入新常态后，保持经济发展中高速增长和迈向中高端水平的"双目标"，是中国政府对经济提质增效升级的总体要求。经济中高速增长，既是为了与全面建成小康社会目标相衔接，也是为了与经济总量扩大和结构升级的要求相适应。经济迈向中高端水平，关键是要努力攀升产业价值链，提高要素生产率。新常态下我国经济发展提质增效面临的一个重大问题，是如何在防止经济减速过快的同时，加快产业转型升级以增强国际竞争力。当前实体产业发展虚弱乏力，利润单薄，根本原因在于我国产业的生产率低下，不能够消化或抵消要素成本上升的压力，这些问题最终需要企业通过技术进步提高生产率来实现。而启动国家层面的、新一轮大规模的技术改造，是推动新常态下经济增长动力重塑的利器，是推进产业升级的一把金钥匙，是一种比较容易操作的、实践证明行之有效的方法。①

关于新常态下经济转型的原因，刘伟认为，进入新常态的中国经济表面上出现总需求和总供给失衡的特点，看起来是总量失衡问题，实际上根本动因在于一系列结构性矛盾。缓解和克服这一系列结构性矛盾，依靠需求侧调控和管理是难以奏效的，需求侧的管理影响的是需求总量，或者扩张，或者抑制，难以深入结构。这种局限性的存在，要求引入供给侧结构性改革。② 张卓元认为，结构性改革是适应新常态下的主动选择，是跨越中等收入陷阱的关键。③ 迟福林认为，我国转型发展正处在关键时期，面临诸多矛盾叠加、风险隐患增多的严峻挑战，应对挑战，重在以结构性改革破解经济转型的结构性矛盾。④

关于新常态下经济转型的特点，迟福林认为，我国经济转型升级呈现出四大特点：一是产业变革正处在由工业主导向服务业主导转变的转折点，二是城镇化正处在由规模城镇化向人口城镇化转变的转折点，三是消费结构正处在由物质型消费为主向服务型消费为主转变的转折点，四是对外开放正处在由货物贸易为主向服务贸易为重点转变的转折点。⑤

① 刘志彪.提升生产率：新常态下经济转型升级的目标与关键措施［J］.审计与经济研究，2015（4）：77-84.

② 刘伟.经济新常态与供给侧结构性改革［J］.管理世界，2016（7）：1-9.

③ 张卓元.以结构性改革实现经济转型升级的主要目标［N］.光明日报，2016-10-12.

④ 迟福林."十三五"：以经济转型为主线的结构性改革［J］.上海大学学报（社会科学版），2016（2）：1-13.

⑤ 迟福林.经济转型升级与供给侧结构性改革［J］.浙江经济，2017（2）：19-20.

# 第二章 新常态下对四川经济 发展趋势的分析研判

2015 年左右，四川经济发展与全国一样，也进入了新常态时期。本章以 2015 年为坐标，梳理总结过去五年四川经济发展的状况及成绩，探讨当前四川经济发展的主要特征及四川经济发展面临的机遇和挑战，进而在预测未来经济发展趋势的基础上，提出四川在新常态下转型发展的总体思路。

## 第一节 过去五年四川经济发展的状况

过去五年，省委、省政府团结带领全省各族人民，适应经济发展新常态，克服各类重大自然灾害，大力实施"三大发展战略"，经济发展取得巨大成就。未来五年，面对曲折复苏的世界经济，面对新的发展阶段和发展考验，四川经济发展形势将如何？本书通过因素分析、阶段分析、趋势分析等方法，观察了未来四川经济发展的基本形势。

### 一、过去五年四川经济发展的主要成效

（一）经济规模稳步扩大

全省地区生产总值由 2011 年的 23 872.8 亿元扩大到 2015 年的 30 053.1 亿元，在全国 31 个省市区（不含港澳台地区，全书同）中的排位从 2011 年的第 8 位提高到第 6 位。经济增速从 2011 年 15.0% 的高速增长逐年回落至个位数的中高速增长。2016 年全省生产总值增长 7.5% 左右，2012—2016 年年均增长 9.3%。

（二）经济结构优化成效明显

三次产业结构从 2011 年的 14.0∶47.8∶38.2 调整为 2015 年的 12.2∶44.1∶43.7。2016 年，前三季度三次产业结构调整为 12.7∶43.2∶44.1，产业结构从持续多年的"二、三、一"调整为"三、二、一"。

（三）投资、消费需求稳步增长

全省全社会固定资产投资从 2011 年的 15 124.1 亿元提高到 2015 年的 25 973.7 亿元，2012—2016 年年均增长 13.9%。社会消费品零售总额从 2011 年的 8 290.8 亿元提高到 2015 年的 13 877.7 亿元，2012—2016 年年均增长 13.3%。

（四）城乡居民收入较快增长

城镇居民人均可支配收入从 2011 年的 17 899 元提高到 2015 年的 26 205 元，2012—2016 年年均增长 9.7%；农村居民人均可支配收入从 2011 年的 6 129 元提高到 2015 年的 10 247 元，2012—2016 年年均增长 11.5%，增速比 GDP 和城镇居民收入的增速分别快 3.6 和 3.5 个百分点。

（五）财政实力明显增强

继 2011 年全省财政收入过 2 000 亿后，2014 年，全省财政收入再上一个千亿台阶。2015 年全省地方一般公共预算收入 3 329.1 亿元，是 2011 年的 1.6 倍，2012—2015 年年均增长 13.0%，财政收入占 GDP 的比重从 2011 年的 9.7%提高到 2015 年的 11.1%。

（六）城镇化水平稳步提升

2015 年年末，四川常住人口 8 204 万人，其中城镇人口 3 912.5 万人，城镇化率为 47.7%，比 2011 年提高 5.9 个百分点，城镇人口平均每年增加一百多万人。

（七）区域均衡发展成效明显

区域均衡发展方面，"万亿市州"从无到有，成都市首位优势突出。2014 年，成都经济总量突破万亿元，2015 年达到 10 801.2 亿元，占全省经济总量的比重为 35.9%，比 2011 年提高 2.8 个百分点。其他市州发展势头喜人。2015 年，生产总值超过千亿元的市州有 14 个，比 2011 年增加 7 个。2015 年，四川 183 个县（市、区）中有 110 个县（市、区）的生产总值超过 100 亿元，生产总值超过 100 亿元的县（市、区）比 2011 年增加 36 个，其中超过 300 亿元的县（市、区）共 24 个，比 2011 年增加 13 个。

## 二、四川经济发展的五大亮点

2015 年，面对国际、国内经济下行压力持续加大的复杂严峻形势，四川始终保持专注发展定力，全省经济呈现总体平稳、稳中有进的发展态势，五大亮点突出。

（一）总体平稳、稳中有进

（1）四川经济增速高于全国。2015 年，四川省生产总值增速按可比价格计算比上年增长 7.9%，比全国高 1 个百分点。作为西部经济发展的领头羊，近年来四川一直保持高于全国平均水平的增速。"十二五"时期，全省生产总值年均增速为 10.8%，比全国高 3 个百分点，实现了较大经济规模基础上的快速增长，体现了四川经济发展的实力。

（2）四川经济增速高于目标。2015 年，四川省生产总值增速超过目标增速 0.4 个百分点，圆满完成"十二五"规划目标。

（3）四川经济增长缓中趋稳。进入经济新常态后，四川省生产总值增速逐年回落，但回落幅度减缓，2013 年、2014 年、2015 年生产总值增速分别比上年低 2.6、1.5 和 0.6 个百分点，呈现缓中趋稳的态势。

（二）新的突破、新的台阶

经济规模实现新突破，再上新台阶。继 2007 年突破 1 万亿元大关、2011 年突破 2 万亿元大关后，2015 年四川实现地区生产总值 30 103.1 亿元，突破 3 万亿元大关，每 4 年跃升一个台阶，四川经济大省地位更加突出；四川继续雄踞西部地区 12 省区市第 1 位；四川创造财富的能力大幅提升，若按全年 365 天计算，每天创造财富 82.5 亿元，若按一年 300 个生产日计算，每天创造财富 100 亿元，相当于四川 1978 年半年创造的财富。

（三）转型升级、初见成效

（1）农业投入效益双提升。2015 年，四川省第一产业增加值增速为 3.7%，农村经济稳步发展。

①农业投入强力增长。2015 年，四川省第一产业投资增速达 31.8%，比全社会固定资产投资增速高 21.6 个百分点，比第二、三产业分别高 28.3、19.4 个百分点。四川农业投入增加，农业基础设施改善力度加强，农业产业化和现代化发展基础不断增强。

②农业生产效益全面向好。四川省特色农业继续保持较快发展，畜牧业养殖收益稳定，出栏一头生猪平均盈利 300 元以上，养殖一头肉牛、肉羊利润分

别为 3 000 元、600 元左右。

（2）工业新旧动力同发力。2015 年，四川规模以上工业增加值增速为 7.9%，比全国高 1.8 个百分点，总体保持平稳增长态势。

①传统产业转型效果突出。四川传统资源型产业占比大，是四川经济发展和吸纳就业的重要支撑。在新常态下，四川传统资源型产业面临一定的困境和冲击，但通过技术创新和改造提升仍然具有广阔的市场前景，并对稳定经济发展仍具有较为突出的作用。2015 年，酒、饮料、精制茶制造业，非金属矿物制品业，石油和天然气开采业等传统产业通过产品调整、创新营销等方式，转型升级效果明显，规模以上工业增加值分别增长了 11.4%、20.1%和 17.7%，是推动四川经济增长的重要动力。

②新兴、高新产业支撑有力。新兴产业和高新产业是新常态下推动四川经济发展的新动力之一。2015 年，四川汽车制造业以及计算机、通信和其他电子设备制造业规模以上工业增加值分别增长 10%和 2.5%，这两个行业受市场因素的影响，发展趋缓，但其规模大、影响大，仍对稳定四川工业增长起着较大作用。以医药生物制造业为代表的高技术产业快速增长，2015 年高技术产业增加值占全省工业的比重达 12.5%，对四川工业平稳较快增长提供了重要支撑。此外，双创、"互联网+"等一系列工作的开展，集聚了技术与人才，活跃了市场。2015 年前三季度，四川新登记市场主体 47.17 万户，同比增长 14%；新增科技型中小微企业 1 万家以上，同比增长 45%，为四川经济转型升级寻求了更多的可能和突破口。

（3）服务业发展势头、后劲均有力。2015 年，四川服务业增加值增速为 9.4%，与上年持平，比全国高 1.1 个百分点；服务业比重提高到 40.3%，比上年提高 1.6 个百分点，实现了在工业化中后期阶段的较快发展，服务业加快发展势头增强。

四川服务业比重比全国低 10.2 个百分点，服务业发展滞后于全国，这是区域经济发展规律所致，是四川经济发展的短板也是发展的潜力。在工业化中期后半阶段，第二产业仍然是四川经济发展的重要支撑。但经济发展的基本规律决定，四川产业结构将继续优化，占国民经济的比重和对国民经济的贡献率将逐步提升；同时，新常态下生产要素将逐步从工业转向服务业，服务业发展潜力和动力也将逐步增强。

1978—2015 年四川三次产业结构变动情况如图 2-1 所示。

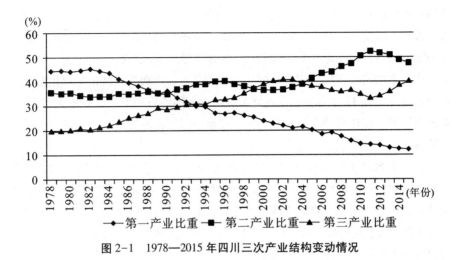

图 2-1　1978—2015 年四川三次产业结构变动情况

（四）多极支撑、协调发展

（1）首位城市带动力强劲。2014 年起，成都市地区生产总值已超万亿元，居全国副省级城市第 4 位；成都经济首位度已超过 6，人口首位度超过 2，均居全国副省级和省会城市第 1 位，首位城市竞争力及对全省经济辐射带动能力不断增强。

（2）"千亿俱乐部"板凳拉长。2015 年，眉山、广安地区生产总值突破千亿元，四川生产总值超千亿元的市州再增 2 个，已达 14 个，多点多级支撑发展格局进一步推进。

（3）五大经济区协同发展。从总量上来看，2015 年，成都经济区经济总量占比近 60%，川南经济区占比超 16%，川东北经济区超 15%，各大经济区经济总量持续扩大；从增速上来看，2015 年，川南经济区增速最快，成都经济区次之，均高于全省经济增速，两大增长极快速发展。

（五）民生福祉、切实增进

（1）居民收入实现大突破。2015 年，四川居民人均可支配收入达 17 221 元，其中，农村居民人均可支配收入为 10 247 元，首次突破万元大关，城镇居民人均可支配收入为 26 205 元；四川居民人均可支配收入比上年增长 9.3%，增速比全国高 0.4 个百分点，其中农村居民人均可支配收入增速为 9.6%，比全国高 0.7 个百分点，城镇居民人均可支配收入增速为 8.1%；城乡居民收入比为 2.56，超额完成"十二五"规划目标。

（2）消费升级潜力释放。2015 年，四川社会消费品零售总量比上年增长 12%，比全国高 1.3 个百分点，其中，城镇消费品零售额增长 11.7%，乡村消费品零售额增长 13.2%，分别比全国平均水平高 1.2 和 1.4 个百分点。四川是人口大省，常住人口居全国第 4 位，户籍人口居全国第 3 位，与世界排在第 17 位国家的人口规模基本相当，比英国、法国等欧洲国家人口规模还大，本身就是一个巨大的消费市场。同时，四川是农业大省，户籍人口城镇化率比常住人口城镇化率约低 17 个百分点，在新型城镇化发展的质和量上均有较大的空间。城镇化发展不仅使城镇消费群体扩大，还将改善资源配置效率，促进消费结构不断升级，消费发展空间潜力大。

（3）精准扶贫强力推进。四川有 88 个贫困县，近 500 万贫困人口，扶贫开发任务艰巨。为确保 2020 年全面消除贫困任务顺利完成，四川强力推进四大片区扶贫攻坚行动、藏区六项民生工程计划、彝区十项扶贫工程等，将扶贫开发工作纳入政府目标考核。截至 2015 年 11 月底，四川省已安排下达中央、省财政专项扶贫资金 44.9 亿元，实现减贫 115.9 万人，提前完成年度目标任务。

总体上看来，2015 年四川经济运行总体平稳，结构调整稳步推进，区域发展协同共进，民生福祉切实增进，在新常态下亮点突出。2016 年是"十三五"决胜全面小康、消除绝对贫困、建设经济强省的开局之年，四川经济增速保持在 L 形底部相对合理的中高速增长区间内。

### 三、新常态下四川经济发展的实践经验

（一）坚持发展为本，保持专注定力，是四川跨越发展的重要基石

党的十八大以来，四川省经济发展既面临世界经济复苏缓慢、国内经济下行压力加大的宏观环境考验，也面临汶川地震灾后恢复重建胜利完成后从高速增长转为中高速增长的经济新常态。面对新的发展阶段和发展考验，省委、省政府带领全川人民，始终坚持经济发展的专注定力，牢固树立创新、协调、绿色、开放、共享五大发展理念，深入实施"三大发展战略"，坚定不移地走符合四川实际的发展路径。5 年间，四川省经济能够再上一个"万亿"台阶，在全国经济大省中排位提升 2 位，也是得益于四川省始终把发展作为第一要务，扎实推进各项工作。

（二）坚持改革创新，推进转型升级，是四川加快发展的强大动力

四川虽地处内陆，却从不缺少改革创新的勇气。四川紧紧抓住国家大力推进"一带一路"发展倡议、第二轮西部大开发和扩大内需战略、成渝经济区和天府新区建设、国内外产业加快向西部转移等重大机遇，促进产业结构优化升级。四川加快发展先进制造业，培育发展五大高端成长型产业和五大新兴先导型产业；着力培育新产业和新商业模式，再造产业发展新动能；积极推进现

代农业发展，构建富有四川特色的现代产业体系。

（三）坚持扩大内需，增强投资主导，是四川加快发展的战略基点

四川经济外向度不高，扩大内需是实现经济加快发展的重要支撑。当前四川经济发展所处阶段以及经济发展模式支撑着投资快速增长，投资规模迅速扩大，投资结构进一步优化，经济加快发展。牢牢把握扩大内需、投资拉动这个战略基点，是四川经济加快发展的根本保障。

（四）坚持区域协调，培育多点多极，是四川协调发展的重要环节

四川地域广阔、人口众多，"不平衡"是四川省长期存在的基本省情。要深入实施多点多极支撑发展战略，推动成都经济区领先发展、川南经济区一体化发展，培育壮大川东北经济区，挖掘攀西经济区和川西北生态经济区增长潜力，促进区域协调发展、共同发展。四川省要加快推进以人为核心的新型城镇化，统筹城乡改革发展，形成城乡一体化发展的新格局。

（五）坚持补齐短板，改善基础设施，是四川持续发展的重要保障

突破基础设施瓶颈制约，充分发挥四川省位于"一带一路"和长江经济带交汇点的战略纽带优势，加强交通、水利、能源、通信、信息网络等基础设施建设，加快构建进出川大通道，高水平规划建设成都天府国际机场，全面改善进出川条件，建立辐射西部、面向全国、融入世界的西部经济发展高地，推动四川经济加快发展。

# 第二节　四川经济发展的主要特征

四川经济总体呈现新常态发展与经济阶段性发展交织的新特征。

## 一、新常态新特征

（一）从发展速度看，经济增速从高速转向中高速，增速换挡迟于全国

2013 年，四川省生产总值增速降至高档与中高档的分界点 10%，之后持续回落，2015 年降至 7.9%，全面转向经济中高速增长阶段，而全国于 2011 年便以 9.2%的增速换挡至中高速阶段。

（二）从需求动力上看，投资和消费成为经济增长的双重动力

四川最终消费占四川省生产总值的比重从 2011 年的 49.6%提高到 2015 年的 52.5%，对全省经济增长的贡献率达 51.5%，是全省经济增长的重要拉动力量。资本形成总额占全省生产总值的比重从 2011 年的 52.6%回落至 2015 年的

49.3%，仍然是推动全省经济发展的重要支撑力量。

（三）从产业动力上看，工业和服务业是经济增长的两大动力

2015 年，第二产业对经济增长的贡献率为 47.8%，其中工业对经济增长的贡献率为 39.2%，仍然是全省经济增长的重要产业支撑。新常态下随着生产要素转向第三产业，服务业进入加快发展阶段。2015 年，第三产业对经济增长的贡献率达到 47.2%，与第二产业大体相当，已经成为支撑全省经济增长的重要产业动力。

**二、新阶段性新特征**

2015 年，四川人均生产总值为 36 836 元，按 2015 年的平均汇率计算①，折合 5 914 美元；三次产业结构比例为 12.2∶44.1∶43.7；第一产业就业人员占比 38.6%；人口城镇化率为 47.7%；综合指标情况可判断，四川正处于工业化中期的后半阶段，在新常态经济发展环境下，经济主要呈现以下阶段性特征：

（一）经济增长保持中高速，增速快于全国

从全国东部省份工业化中后期发展特征来看，经济均保持较快发展态势。在全国经济发展新常态的环境中，四川经济较快发展的内生动力较强，经济增长将保持高于全国的发展态势。四川经济总量不断扩大，人均生产总值与全国差距不断缩小。

（二）产业结构不断优化

在工业化中期的后半阶段，在一定时期内，四川第一产业占比将持续下降，第二产业占比缓慢下降，第三产业占比将不断提升。第二产业特别是工业内部结构、第三产业内部结构将加快转型升级，提升产业发展质量，发挥四川动态比较优势。

（三）工业化、城镇化发展质量双提升

在工业化中期的后半阶段和城镇化质量提升阶段，工业转型升级加快，制造业信息化和服务化不断发展，制造业与生产性服务发展更加融合，为城镇化加速发展、提升质量打下了坚实基础。

工业化不同阶段的标志值如表 2-1 所示。

---

① 2015 年人民币与美元年平均汇率为 1 美元兑换 6.228 4 元人民币。

表 2-1 　　　　　　　　　　工业化不同阶段的标志值

| 基本指标 | 前工业化阶段 | 工业化实现阶段 | | | 后工业化阶段 |
| --- | --- | --- | --- | --- | --- |
| | | 工业化初期 | 工业化中期 | 工业化后期 | |
| 人均GDP(美元)（PPP） | 745~1 490 | 1 490~2 980 | 2 980~5 960 | 5 960~11 170 | 11 170 以上 |
| 三次产业产值结构（产业结构） | A > I | A > 20%,A < I | A< 20%,I > S | A<10%,I > S | A<10%,I < S |
| 第一产业就业人员占比(就业结构) | 60%以上 | 45%~60% | 30%~45% | 10%~30% | 10%以下 |
| 人口城市化率（空间结构） | 30%以下 | 30%~50% | 50%~60% | 60%~75% | 75%以上 |

注：A代表第一产业，I代表第二产业，S代表第三产业，PPP表示购买力平价。

资料来源：陈佳贵，黄群慧，钟宏武，等.中国工业化进程报告［M］.北京：中国社会科学出版社，2007.

2015 年四川经济发展阶段主要指标如表 2-2 所示。

表 2-2 　　　　　　　2015 年四川经济发展阶段主要指标

| 指标 | 四川 | 发展阶段 |
| --- | --- | --- |
| 人均GDP（美元） | 5 914 | 工业化中期后半阶段 |
| 三次产业结构 | 12.2：44.1：43.7 | 工业化中期后半阶段 |
| 第一产业就业人员占比（%） | 38.6 | 工业化中期前半阶段 |
| 人口城镇化率（%） | 47.7 | 工业化初期后半阶段 |

# 第三节　四川经济发展面临的机遇与挑战

今后一个时期，是四川省适应经济新常态、加快转型发展的关键时期，挑战和机遇并存。

## 一、经济发展面临的机遇

（一）响应"一带一路"倡议，融入长江经济带发展战略

在长江经济带发展战略和"一带一路"倡议中，四川是一个重要节点。四川处于陆上丝绸之路和海上丝绸之路的交汇点，是连接西南、西北，沟通中

亚、南亚、东南亚的重要交通走廊，是内陆开放的前沿阵地和西部大开发的战略依托，是"一带一路"有机衔接的重要门户。近年来，四川就天府新区的川法生态科技园、成都浦江的中德中小企业合作园、中法成都生态园、中韩产业园、遂宁的东盟国际产业园等项目与相关国家达成了合作协议，一批各具特色、充满活力的国家产业合作园区和创新示范城，正成为四川对外开放的重要平台和融入"一带一路"的重要载体，其不仅拉近了四川与"一带一路"沿线国家和地区的心理距离，也拉紧了双方实现合作的纽带。

（二）四川是成渝城市群发展的重要一极

四川是 2016 年 4 月国家批复的成渝城市群的重要一极。成渝城市群将重点布局优势产业集群，包括成都高新技术产业开发区、成都经开区、四川双流经开区、德阳经开区、绵阳高新技术产业开发区、四川内江高新技术产业园等，计划打造的产值千亿园区多达 34 个。四川将调动农民工返乡创业积极性，因地制宜建设一批返乡创业园，建设中西部农民工返乡创业示范区。无论是城镇布局、产业发展，还是公共服务一体化，都将充分实现新型城镇化和农业现代化互促共进，带动沿线农业转移人口市民化，释放充分的发展空间。

（三）第二轮西部大开发带来的改革红利

西部大开发战略施行十多年来，西部各省的经济实力和人民生活水平等各方面都得到巨大改善，这也给第二轮西部大开发带来良好的发展基础与条件。在未来的发展环境下，西部各省具有扩大对外开放和构建开放型经济的潜力。四川是连接藏疆地区，南亚、中亚、西亚地区的重要过渡区域，是国家向西、向南开放的门户。在西部开发的财政、税收、产业、土地、人才等方面的 55条差别化的优惠政策下，四川省在向西开放战略中一定会获得巨大的改革开放红利。

（四）天府新区建设与发展加快推进

2014 年获批的天府新区的建设与发展正加快推进，伴随着基础设施和配套产业建设的完成，其将很快进入发展成熟阶段。天府新区作为国家级发展新区，在产业布局、发展条件、基础设施配套等方面均占有较大优势，能带动整个四川地区高端制造业、现代服务业等的快速发展，并与周边省（市）的国家级新区形成三足鼎立之势，既可加强区域间各生产要素的流动与配置，也能进一步提升四川在区域经济发展中的地位，保证四川在西部经济发展中的领头羊地位。

（五）四川经济阶段性发展的内在需求动力

国家已进入工业化后期阶段，而四川正处于工业化中期的后半阶段，经济有加速发展的内在需求与动力。四川是资源大省，具有丰富的矿产资源且种类比较齐全，为工业发展提供了基础；是消费大省，2015 年常住人口达到 8 204 万人，本身就是一个巨大的消费市场，加之 2015 年四川城镇化率为 47.69%，低于全国水平近 10 个百分点，在城镇化发展上空间大，进而能带动消费市场进一步扩大；是旅游大省，具有丰富的旅游资源，2015 年实现旅游总收入 6 210.5 亿元；是贫困人口大省，贫困人口达 380 万人，贫困发生率 5.8%，高于全国水平，而 2020 年要实现全面脱贫的目标，故四川经济发展水平具有高于全国平均增长的动力。

（六）科技创新基础改善，创新驱动不断增强

四川是西部地区科技创新能力最强的省份，布局建设了九院、核动力研究院等科技创新能力强的机构。2015 年，全省高新技术产业产值突破 1.35 万亿元，科技进步贡献率达到 50%。四川依托成都、德阳、绵阳，开展改革试验的先行先试，在成都、德阳、绵阳率先实现机制体制改革创新的重大突破，带动全省逐步进入创新驱动发展轨道；攀西国家级战略资源创新开发试验区建设加快，故在财税政策、科技攻关、资金安排、生态环保等方面给予支持，推动攀西地区和民族地区跨越式发展，将推动四川省战略资源的开发利用。

（七）"四川制造"发展迎来机遇

四川是工业大省，制造业基础较好。依托《中国制造 2025 四川行动计划》，四川将建设成为全国重大技术装备研制、信息技术研发和产品制造、战略资源精深加工、名优特新消费品研发制造基地；率先建成西部制造强省和"中国制造"西部高地，并明确规模结构、创新能力、质量效益、两化融合、绿色发展 5 大类 20 余项发展指标。预计到 2020 年，科技创新对四川省制造业增长的贡献率将达到 50% 以上，四川将建成 1 000 家以上智能工厂（车间）。要加快发展先进制造业，培育发展五大高端成长型产业和五大新兴先导型产业；着力培育新产业、新商业模式，再造产业发展新动能；积极推进现代农业发展，构建富有四川特色的现代产业体系。

（八）县域经济发展、扶贫攻坚政策夯实四川经济发展基础

通过区域经济协调发展以及多点多级培育，四川县域经济得到较为充分的发展，有 36 个县（市、区）的生产总值超过 300 亿元，110 个县的生产总值超过 100 亿元；县域基础设施建设、产业转型升级、新型城镇化和新农村建设都得到大力推进；在进一步实现 88 个县市脱贫工作中，着力保障和改善民生，因地制宜，大力推进贫困地区的发展。

（九）建设综合交通枢纽的步伐加快，区位优势提升

目前，四川已形成包括 7 条铁路、15 条高速公路和 1 条水运航道的 23 条

进出川大通道，高速公路、铁路通车里程分别达 6 000 千米、4 600 千米，支线机场达 12 个，港口吞吐能力突破 1 亿吨。在"十三五"期间，四川将通过加快铁路大通道建设、推进高速公路通道建设、拓展国际国内航线、提升长江等内河航运能力等措施，全面疏通进出川交通大通道，并通过完善综合交通网络、推进能源网络建设、优化水资源配置等途径，整合优化省域网络体系。四川将加快高速公路通道建设，新增 7 条高速公路通道，形成通往东西南北四方的出川大通道，促进全省经济跨越发展。在交通建设方面，成都市目前已经开通 4 条地铁，计划到 2020 年，地铁建设运营路线将达 15 条，共计 650 千米。成都第二机场计划 2020 年建成，并配套建设"一高两快两轨"，规模仅次于北京新机场，是"十三五"期间最大的民用运输枢纽机场项目。成都也将成为继上海、北京之后国内第三个形成"一市两场"格局的特大型区域航空枢纽城市，成为真正意义上的国家级国际航空枢纽。

（十）区域一体化发展，五大经济区协调发展

围绕省内各区域的特点以及发展潜力，四川省推出五大经济区发展规划：成都平原经济区全面创新改革试验先导区；川南经济区建设多中心城市群一体化；川东北经济区结合地缘优势，建设成为川渝陕甘区域经济中心；攀西经济区结合资源优势，创新开发为特色的新兴增长极；川西北生态经济区具有生态环境优势，可以构建国家级生态文明建设先行示范区。四川在多点多级支撑发展战略下，明确五大经济区的发展目标和战略定位，形成支撑市场发展的新增长极，促进区域协调发展和一体化发展。

## 二、四川经济发展面临的挑战

（一）经济发展水平不高

当前，发展不足、发展水平不高仍然是四川最显著的省情，也是制约四川经济健康发展、可持续发展的主要因素之一。

第一，四川主要发展水平指标均相对靠后，与经济大省地位不相称。从四川地区人均生产总值来看，2015 年，四川人均生产总值为 36 775 元，只相当于全国的 73.6%，比 2014 年下降了 0.8 个百分点，居全国第 23 位，居西部 12 省市第 7 位。从居民收入来看，2015 年，四川居民人均可支配收入为 17 221 元，相当于全国的 78.4%，居全国第 23 位，其中，四川城镇居民人均可支配收入为 26 205.3 元，相当于全国的 84%，居全国第 21 位，比 2014 年下降了 3 位；四川农村居民人均纯收入为 10 247.4 元，相当于全国的 89.7%，居全国第 21 位。从城镇化水平来看，2015 年，四川城镇化率为 47.7%，比全国低

8.4个百分点，居全国第24位。

第二，四川面临着与发达省份拉大差距的风险。2015年，四川地区生产总值增速为7.9%，居全国第21位，居西部第11位。由于四川地区生产总值增速下滑，增速位次也在下滑，四川与发达省份的差距逐渐拉大。从总量来看，2015年，四川与生产总值排前五位的广东、江苏、山东、浙江、河南的生产总值的差距分别增加了6 676.7亿元、6 701.9亿元、2 059.3亿元、1 468.9亿元和1 149.8亿元，与生产总值排第8位的湖北的生产总值的差距减少了1 097.3亿元，被湖北赶超的压力较大；从人均生产总值来看，2015年，四川与上海、江苏、浙江、广东等发达地区的人均生产总值的差距分别扩大了4 779元、4 474元、2 995元和2 387元。

第三，四川经济发展水平不高，还不能满足四川所处发展阶段的发展要求。目前，四川已进入工业化中后期，国内外发达地区经验表明，在这一阶段，产业结构将显著优化，经济水平和经济效率将明显提升，城乡收入将较快增长，但当前四川的经济发展水平还不能满足阶段性发展需求。同时，四川人均生产总值已突破5 000美元，正处于中等收入发展阶段。经验表明，只有加快发展，实现经济发展方式的转变，提升经济发展质量，才能顺利走出中等收入陷阱，实现从低收入地区向高收入地区的转变。

综上所述，与全国和东部地区相比，四川发展还不足，发展水平还比较低，差距还比较大，且有差距拉大的风险，故应处理好发展速度和发展质量的关系。从经济发展规律来看，质量提升是建立在数量积累基础上的，保持合理的经济增长速度是经济转型升级、经济质量提升的基本要求。经济增速过低，经济质量的提升缺乏支撑，会给就业、税收、城乡居民收入等带来冲击。因此，四川既要顺应经济发展规律，保持一定的经济增长速度，扩大经济规模，缩小与东部发达地区的差距；也要顺应当前所处发展阶段的发展需求，把握经济结构调整的重点、难点和方向，加快经济转型的步伐，并在加快经济发展的同时，提高经济发展质量，促进增长速度与增长质量的统一。

（二）经济结构问题突出

当前，四川经济结构性问题也面临较大挑战，转型升级压力大。

第一，三次产业结构仍需优化。2015年，四川三大产业结构比例为12.2∶44.1∶43.7，第二产业依然是拉动四川经济发展的重要动力，第一产业比重还较大，工业转型升级还需要较长一段时间，第三产业持续增长动力待增强。

第二，四川工业资源型、低端化特征明显。首先，四川资源型产业占比较大。2015年，四川六大高耗能行业、传统资源性行业总产值比重为35%左右，而高新技术产业占比为28%左右。其次，四川工业产品多处于产业链低端。四川省占全国比重较大的产品主要是铁矿石、白酒、蚕丝、铁道用钢材等技术含量和附加值不高的产品。即使是高新技术产业，也多处于产业链的产品加工阶段，技术含量不高。最后，部分行业产能过剩的问题突出。化工、冶金、建材等产业化解产能过剩的任务艰巨，面临较大的结构调整压力。

第三，四川轻工业发展不足，供需矛盾突出。首先，满足居民基本生活需求的轻工业发展不足。除酒业在全国市场占有率较高外，四川农副产品制造业、食品加工业、纺织服装等行业市场占有率不高。其次，轻工业产品质量不能满足居民对消费品质的需求。除酒业外，四川本地企业的产品多为中端或中低端产品，品牌知名度不高，产品品质不能满足居民消费需求。2015年中国食品百强企业中，四川占据4席，但均为酒和饮料类企业；2015年中国服装行业百强企业中，四川占据4席，且排名相对靠后。

（三）资源环境要素约束

作为重要的生产要素，劳动力、土地、资金等是经济发展的主要驱动力。四川是我国的自然资源和劳动力资源大省，在国内外经济大调整影响下，四川要素比较优势逐渐减弱，经济社会发展与资源环境约束的矛盾日益突出。

一是劳动力资源约束。从人口数量来看，四川劳动力资源开始减少，四川劳动年龄人口总量在2013年左右达到峰值5 728.4万人，之后开始下降，2015年全省劳动年龄人口为5 668.9万人，比2013年减少59.6万人。同时，农民工正从无限供给向有限供给转变。目前，四川农业剩余劳动力规模仅500万人左右，受年龄、文化和技能等因素影响，其向第二、三产业转移的现实动力不足，农村剩余劳动力转移潜力丧失。从人口结构来看，2015年，四川65岁及以上人口占比为13.11%，高于全国平均水平2.56个百分点，人口负担系数较大，老龄化程度进一步加深，未富先老问题凸显，人口红利优势已逐渐减弱。从人口素质来看，四川6岁及以上人口的平均受教育年限为8.4年，低于全国平均水平，劳动力素质与产业发展需求不匹配的结构性矛盾比较突出。

二是四川自然资源约束强于全国。从土地资源来看，四川人地矛盾突出，且土地闲置、抛荒问题严峻。四川省第二次土地调查数据（2014年）显示，四川省人均耕地1.12亩（1亩≈666.67平方米，下同），低于全国人均水平，且粮食播种面积逐年减少。2015年年底，四川耕地面积为673.61万公顷。国家统计局四川调查总队调查数据显示，四川部分地区特别是经济欠发达地区的丘陵地区土地撂荒现象普遍存在，甚至还有成片土地撂荒时间已长达10年的现象。目前，四川已从粮食净调出省转变为净调入省，每年的粮食净调入量均在 1 200 万吨以上。从矿产资源来看,四川矿产资源丰富,天然气、钒、钛、轻稀土等 16 种矿产在全国查明资源储量中排第一位,但同时也存在矿产资源人均占有率低、重要矿产富矿不足等问题,依赖于矿产资源开发的传统资源型产业面临着巨大的地质灾害和环境污染压力,四川资源环境约束强于全国。

三是环境约束。从城市环境来看,机动车尾气污染、建筑施工扬尘等城市化进程带来的环境问题日益突出。成都空气污染、交通堵塞等问题开始凸显。近年来,成都成为全国空气质量较差的地区之一。从生态环境方面来看,四川生态资源丰富,是全国生态建设的核心地区、生物多样性富集区和长江上游重点水源涵养区,也是典型的生态脆弱区。不合理的水电开发、矿山开采以及化工、建材等重污染行业对生态环境的影响不容忽视,故应进一步加大产业结构调整力度,淘汰高污染、高排放的工业企业,加强环境保护,实施绿色发展战略。

（四）创新动力支撑不足

创新是应对新一轮技术和产业革命、促进四川经济发展的重要动力。目前,四川自主创新能力、科技综合实力还低于全国平均水平,创新动力支撑不足。

从创新投入方面来看,四川研发资源投入与发达地区相比还有较大差距。2015 年,四川省 R&D 投入总量为 502.9 亿元,居全国第 9 位,但与发达地区的差距还较大,只相当于江苏的 27.9%、广东的 28%;R&D 投入强度（研发经费与 GDP 之比）为 1.67%,居全国第 11 位,为历史最好水平,但仍低于全国 2.07% 的平均水平;R&D 人员 19.9 万人,只相当于广东的 37.2%。

从创新产出方面来看,四川科技成果转化还需加强。2015 年,四川新产品收入达 2 892.5 亿元,居全国第 16 位;发明专利授权数 9 105 件,居全国第 8 位,每万人拥有发明专利授权数 1.1 件,居全国第 14 位,均与发达地区有较大差距。

（五）区位优势有待强化

四川是支撑"一带一路"倡议的互联互通枢纽和经济腹地。近年来,四川加大交通基础设施建设投资,但省际、城际交通网络的建设仍不足,区位优势未能有效发挥。

与全国平均水平相比,四川交通建设还不足。2015 年,四川省高速公路通车里程达到 6 016 千米,排全国第 5 位,但密度仅为 12.3 米/平方千米,低于全国平均水平（12.8 米/平方千米）;人均仅为 73.3 千米/百万人口,低于全国平均水平（89.8 千米/百万人口）。铁路营运里程为 4 710 千米,铁路密度为 9.5 米/平方千米,低于全国平均水平（12.6 米/平方千米）;人均占有量为

57.4千米/百万人口，低于全国平均水平（88千米/百万人口）。

与同为"一带一路"节点的湖北、同属西部地区的贵州相比，四川省际、城际快速交通网络的规划与建设仍相对落后。在湖北，武汉至其周边主要城市的城际铁路已连接成"武汉半小时经济圈"，武汉成为继长三角、珠三角之后，又一个拥有密集城际铁路的地区；同时，武汉高铁、动车可直达全国22个省会城市，且其规划在"十三五"期间建成直达全国所有省会城市的高铁、动车干线，成为中部地区重要的交通枢纽。而在贵州，截至2015年年底，全省铁路营业里程达3 037千米，其中高速铁路701千米，已建成贵广高铁、沪昆客运专线贵阳至长沙段等铁路，高铁动车直达北上广深等主要城市。相较湖北、贵州，四川目前已建成的高铁只有成灌客专线、成绵乐客专线、成渝高铁线、成遂渝提速线、成达提速线五条快速通道。截至2015年，四川高速铁路里程只有586千米，不足全国的1/30，其中时速300千米以上的铁路只有185千米，远低于中东部地区水平，甚至低于贵州、广西等西部地区水平，四川省际、城际的通达度还不够高，建设进度相对滞后。

（六）区域不平衡问题突出

四川各市州间经济发展不平衡也是制约四川经济发展的一大问题。

四川各市州发展阶段差异大。作为西部重要的经济、文化、金融中心，成都已率先进入工业化后期发展阶段，在成都的辐射影响下，德阳、绵阳等市也相继进入工业化加速发展阶段，而甘孜、巴中等市州仍处于工业化前期发展阶段，发展相对滞后。

四川区域间发展差距加大。成都地区生产总值占全省生产总值的比重从2011年的32.6%上升到2015年的35.9%，而三州地区生产总值占比由2011年的6.3%降至2015年的5.97%。此外，成都经济首位度从2011年的5.85扩大至2015年的6.35，区域间发展差距在逐渐扩大。

四川各市州发展水平差异大。成都、攀枝花人均生产总值已突破70 000元，而广元、遂宁、南充、达州、阿坝、凉山6个市州的人均生产总值不足30 000元，甘孜州和巴中的人均生产总值不足20 000元，市州间发展水平差异较大。同时，四川区域性贫困特征明显，全省共计88个国家级扶贫开发重点县，攀西大小凉山彝区、川西北高原藏区、川北秦巴山区、川南乌蒙山等四大连片贫困区贫困人口多、贫困程度深、致贫因素复杂、扶贫开发难度大。

综上所述，成都在四川区域经济发展中的集聚效应大于扩散效应，且集聚效应还在不断增强，将阻碍区域间资源的自由流动，加深区域发展不协调的程度，这些都不利于四川经济健康、持续地发展。

# 第四节　未来五年四川经济发展趋势分析

## 一、宏观经济形势分析

### （一）世界经济缓慢复苏

未来五年或更长一段时间内，世界多极化、经济全球化将进一步深入发展，世界经济在深刻调整中曲折复苏。国际金融危机深层次影响在一段时间内依然存在，主导经济增长的产业和技术尚未形成，全球债务高企、局部地区政治局势紧张等不确定性因素增加，世界经济增速尤其是发达经济体增速明显减缓，全球经济贸易增长乏力，世界经济发展复苏道路曲折。但是，全球科技领域取得重大突破，正在引发影响深远的产业变革。以巴西和俄罗斯为代表的新兴市场已开始复苏，美国等发达经济体经济缓慢复苏并进入新政治增长周期，国际油价及大宗商品价格理性回归，全球经济有望缓慢复苏。

### （二）我国经济稳定增长

一是经济发展基本面稳定。尽管我国受新的经济增长支撑点尚未形成、房地产市场不稳定、存在流动性陷阱风险、民间投资不振、金融风险加大、居民收入减速等不确定性因素影响，但我国物质基础雄厚、人力资本丰富、市场空间广阔、发展潜力巨大，经济发展的回旋余地大，经济长期向好、基本面稳定。

二是结构性改革稳步推进。传统经济调整的压力和改革张力是推动经济转型的主要力量，周期性政策或影响进程，但不改变方向。未来五年前半期，我国以传统经济调整为主，增长质量有所提高但增速较低；后半期，传统经济企稳、新经济重要性提升，较高质量的经济复苏可期。

三是国际贸易稳步转型。随着人民币国际化步伐加快，我国仍将保持进出口贸易大国的地位，继续承接国际产业转移、要素组合和资本进入，并逐步成为对外投资的大国。预计未来五年，我国经济在 L 形经济增长周期底部保持稳定增长，经济增长 6.5%~7%。

对四川而言，今后一段时期，全国"一带一路"倡议得到响应，长江经济带战略得到发展，全面创新改革试验推进，西部大开发战略深入实施，成渝城市群加快建设，军民融合深度发展上升为国家战略，供给侧结构性改革不断深化，精准扶贫、精准脱贫深入实施，全面建设小康社会目标不断完成，这些都将为四川发展带来重大机遇。预计在未来几年内，四川经济与全国经济增长保持基本一致，经济向好势头逐步显现，经济增长有望逐步回升。

**二、经济增长周期分析**

1978 年以来，四川经济共经历了 5.5 个经济增长周期，即 1978—1981 年的 0.5 个周期，1982—1986 年的第 2 个周期，1987—1989 年的第 3 个周期，1990—1999 年的第 4 个周期，2000—2008 年的第 5 个周期，2009 年以来的第 6 个周期。总体上来看，四川经济增长周期与全国高度同步，经济周期波动和增幅升降与全国基本一致。具体情况见图 2-2。

四川经济增长周期具有四个特征。一是经济波动幅度基本稳定，第 2~5 个经济周期的波动落差分别为 6.7、5.5、6.5 和 6.0 个百分点。二是经济周期开始延长，相比 1982—1986 年、1987—1989 年两轮经济周期，1989 年之后的两轮经济周期分别经历了 10 年和 9 年。三是经济周期年均增速有所提高，第 2~5 轮经济周期地区生产总值年均增速分别为 10.3%、6.4%、10.3% 和 11.5%。四是经济周期波谷即最低增速基本呈现逐步走高态势，1~5 个经济周期的波谷分别为 4.1%、5.5%、3.2%、6.6% 和 8.5%。

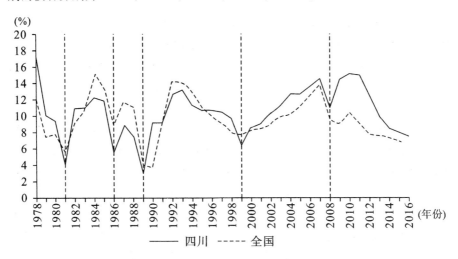

**图 2-2　1978 年以来四川经济增长周期图**

从第 6 轮经济周期来看，四川受灾后恢复重建拉动，于 2009 年先于全国 1 年进入了新一轮经济周期，2010 年达到最高增速 15.1%，2011 年企稳以后开始回落下行，至 2015 年经济增速已回落至 7.9%。四川第 6 轮经济周期生产总值年均增速已达 11.3%。

在过去 5 轮经济周期中，四川经济是在中国经济处于高速发展阶段的前提下波动发展的。当前中国进入经济新常态的新的发展阶段，四川经济正处于波峰之后走向波谷的下行阶段，因此，本轮经济增长周期的波谷将在未来几年出现。

### 三、潜在经济增长率分析

潜在经济增长率是指区域经济发展过程中该区域的各种资源在得到最优配置的条件下所能够达到的最大经济增长率。虽然对潜在经济增长率的计算方法有着诸多探讨，但是从经济实际发展角度出发，我们认为，在过去的一段时间内，在市场和政府的双重作用下，资本、劳动、技术等生产要素已经达到了相对高效的配置，区域经济也因此进入较高增长区间。因此，过去十年经济社会发展所实现的生产总值平均增速，与区域经济潜在增长率非常接近，可为区域经济增长趋势提供一个参考。

2006—2015 年十年间，四川生产总值平均增速为 12.2%。但是，在这十年间，四川经历了汶川地震、雅安地震及随后的灾后重建，集聚了全国各省（市）灾后援建所带来的资金、劳动力、技术等生产要素，形成了四川经济在灾后重建期间的快速发展。仅 2009 年和 2010 年两年，51 个汶川地震重灾县分别推动四川经济增长了 3.6 和 3.7 个百分点。过去十年四川经济年均增长 8.5% 左右，据此测算，扣除灾后重建因素，四川潜在经济增长率大约在 8.5%。

### 四、经济发展趋势预测

从四川生产总值总量的中长期发展趋势来看，生产总值总量呈现逐年增长的态势，从 2006 年的 8 690 亿元增长到 2015 年的 30 053 亿元。因此，通过对生产总值在时间序列变化上的分析，对其建立趋势方程 $Y= aT+b$（$Y$ 为生产总值总量，$T$ 为时间序列）。生产总值未来发展的趋势方程为：

$$Y= 2\,497.5T+5\,491.5$$

根据以上方程计算，预计 2022 年四川生产总值总量将突破 48 000 亿元，年均增速预计在 7.5% 左右。

2006—2022 年生产总值变动趋势预测图如图 2-3 所示。

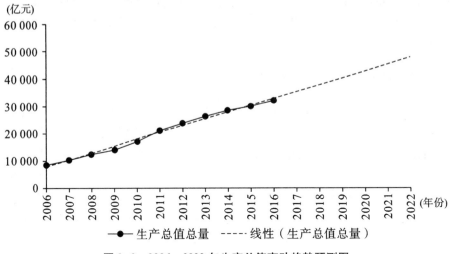

图 2-3　2006—2022 年生产总值变动趋势预测图

## 五、三次产业分析

从三次产业结构来看，第一产业比重逐渐下降，从 2006 年的 18.4% 下降至 2015 年的 12.2%；第二产业比重先上升后下降，从 2006 年的 43.4% 上升至 2011 年的 47.8%，之后逐步回落至 2015 年的 44.1%；第三产业比重上升，从 2006 年的 38.2% 上升至 2015 年的 43.7%。三次产业结构从 2006 年的 18.4：43.4：38.2 调整至 2015 年的 12.2：44.1：43.7，产业结构从持续多年的"二、三、一"调整为"三、二、一"，第三产业比重首次超过第二产业，第三产业成为全省经济的主导产业。

2006 年以来四川三次产业结构图如图 2-4。

通过对三次产业在时间序列变化上的分析，我们对三次产业建立了趋势方程 $Y_i = aT^2 + bT + c$（$Y_i$ 为第 $i$ 次产业增加值，$i = 1，2，3$；$T$ 为时间序列）。三次产业未来发展的趋势方程分别为：

$Y_1 = -5.4T^2 + 288.5T + 1\ 338.1$

$Y_2 = 1\ 108.3T + 2\ 615.8$

$Y_3 = 28.4T^2 + 813T + 2\ 188.6$

根据以上方程计算，预计 2022 年四川第一产业增加值将达到 4 600 亿元，第二产业增加值达到 21 400 亿元，第三产业增加值达到 24 000 亿元，地区生产总值总量将突破 50 000 亿元，三次产业结构将调整为 9.5：42.5：48.0。

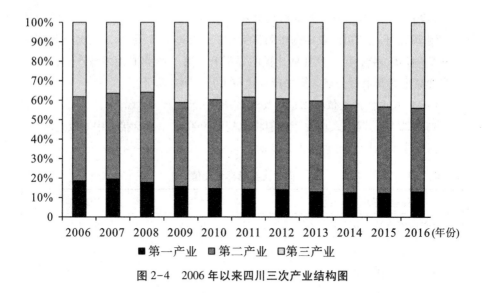

图 2-4　2006 年以来四川三次产业结构图

**六、对未来经济发展的总体判断**

通过数据趋势分析，改革开放至今，四川已进入第 6 个经济增长周期。在全球经济低位运行、形势尚不明朗和国内经济新常态发展背景下，四川经济增速已明显由高速转向中高速增长，并将持续较长一段时间。

（一）经济社会稳步发展

在新常态发展环境下，未来一段时间四川经济整体上仍将保持平稳增长的发展趋势。在经济转型升级过程中，传统产业对经济的支撑作用仍然十分重要，供给侧改革取得实质性进展，制造业提质增效将为经济发展夯实基础，新兴产业拉动作用逐步显现。基础设施投资在四川经济中仍将占据重要地位。成都仍将作为区域经济增长极带动整个四川乃至西部地区的发展，省内交通通达度进一步提高，带动城市群发展。

（二）经济增长缓中趋稳

未来六年，四川经济整体上将与全国经济保持一致的发展态势，形成短期和中长期两个 L 形增长周期，并在周期底部阶段维持小幅波动、平稳增长的基本走势。四川经济年均增速保持在 8% 左右，在平稳发展中实现经济结构转型升级。

（三）经济总量跨过两个万亿台阶

按照未来经济发展态势，2019 年四川经济总量将突破 4 万亿元，到 2022 年将突破 5 万亿元。

（四）"三、二、一"产业结构形成

到2022年，四川产业结构将调整为"三、二、一"形态，三次产业结构为9.5：42.5：48，第三产业的比重明显提升，第三产业成为主导产业，比第二产业高出5.5个百分点，第一产业比重下降至10%以下。

（五）人均生产总值接近中等发达水平

到2022年，四川人均生产总值将达到60 000元左右，接近中等发达水平。

四川主要指标预测值如表2-3所示。

表2-3　　　　　　　　　四川主要指标预测值

| 指标 | 2020 年 | 2022 年 |
|---|---|---|
| 生产总值总量（亿元） | 43 900 | 50 000 |
| 第一产业总值（亿元） | 4 300 | 4 600 |
| 第二产业总值（亿元） | 18 700 | 21 400 |
| 第三产业总值（亿元） | 20 200 | 24 000 |
| 人均生产总值（元） | 53 400 | 60 700 |
| 社会消费品零售总额（亿元） | 22 400 | 27 000 |
| 人均可支配收入（元） | 25 000 | 29 500 |

附表2-1　　　　　　2018—2022年四川省主要经济指标预测值

| 指标 | 2018 年 | 2019 年 | 2020 年 | 2021 年 | 2022 年 |
|---|---|---|---|---|---|
| 地区生产总值总量（亿元） | 37 700 | 40 700 | 43 900 | 47 400 | 50 000 |
| 第一产业产值（亿元） | 4 000 | 4 180 | 4 300 | 4 450 | 4 600 |
| 第二产业产值（亿元） | 16 300 | 17 400 | 18 700 | 20 000 | 21 400 |
| 工业增加值（亿元） | 14 000 | 15 000 | 16 700 | 17 000 | 18 000 |
| 第三产业产值（亿元） | 17 000 | 18 600 | 20 200 | 22 000 | 24 000 |
| 人均生产总值（元） | 45 800 | 49 500 | 53 400 | 57 600 | 60 700 |
| 社会消费品零售总额（亿元） | 18 500 | 20 300 | 22 400 | 24 600 | 27 000 |
| 人均可支配收入（元） | 21 700 | 23 400 | 25 000 | 27 300 | 29 500 |
| 城镇化率（%） | 51.9 | 53.3 | 54.7 | 56.1 | 57.5 |

# 第三章　新常态下对四川经济结构调整优化的思考

经济结构的调整优化，既是新常态的显著特征，也是新常态下四川经济发展的必由之路。本章第一节总体论述经济结构转型升级的相关问题；后文在此基础上，分别选取了产业结构、投资结构、供给侧结构和区域结构几个领域，进行进一步的深入探讨。

## 第一节　新常态下四川经济转型升级发展研究

经济转型升级是一个国家或地区的经济结构和经济制度在一定时期内发生的根本变化。其中，至关重要的是经济结构的转型升级。经济结构包括要素投入结构、需求结构、产业结构、分配结构、区域结构、企业结构、产品结构等。经济结构调整优化的水平和程度，直接影响并决定着整体经济增长方式转变、经济转型升级的进展和效果。

四川是我国西部重要省份，具有较高的经济、社会、生态等方面的地位，既面临着当前我国经济发展中存在的各种问题，又有着异于中东部地区以及全国的独特现状和趋势。本书从要素投入结构、需求结构、产业结构、区域结构、企业结构五个方面找出四川经济结构存在的问题，分析四川经济转型升级面临的机遇和挑战，寻找切合四川实际的转型升级发展之路。

### 一、四川经济转型发展现状

十八大以来，省委、省政府坚持全面深化改革，坚持"稳中求进"工作总基调，深入实施"三大发展战略"，主动适应经济新常态，使经济结构优化调整，新旧增长动力转换步伐加快，质量效益明显提升。

（一）结构持续优化，转型升级步伐加快

十八大以来，四川始终把结构调整作为转型升级的重要抓手，产业结构持续优化，内需结构不断改善，城镇化水平稳步提升，转型升级成效明显。

1. 产业结构优化调整取得显著成效

（1）三次产业结构持续优化。

三次产业结构从 2012 年的 13.8：51.7：34.5 调整为 2015 年的 12.2：44.1：43.7，非农产业比重从 2012 年的 86.2%提高到 2015 年的 87.8%。第三产业占地区生产总值比重比 2012 年提高 9.2 个百分点，第二产业比重下降 7.6 个百分点，第二、三产业占比差距由 2012 年的 17.2 个百分点缩小到 2015 年的 0.4 个百分点。

同时，第二、三产业保持较快发展，增速均高于同期全国平均水平。2013—2015 年，第二产业增速分别为 11.5%、8.9%和 7.8%，分别比全国平均水平高 3.6、1.6 和 1.8 个百分点。2013—2015 年，第三产业增速分别为 9.9%、9.4%和 9.4%，分别比全国平均水平高 1.6、1.6 和 1.1 个百分点。2016 年上半年，第二、三产业增速分别为 7.4%和 8.6%，分别比全国平均水平高 1.3 和 1.1 个百分点。

（2）工业转型升级发展势头较好。

2015 年，四川省实现全部工业增加值 12 084.9 亿元，是 2012 年的 1.1 倍，年均增长 9.2%，其中规模以上工业增加值年均增长 9.5%。2016 年上半年，规模以上工业增加值同比增长 7.8%，比全国平均水平高 1.8 个百分点。

一是高端产业发展初见成效。2015 年，四川省高技术产业增加值占规上工业增加值的比重达 13.9%，比 2014 年提高 0.1 个百分点；新产业逐步壮大，电子及通信设备制造业、医药制造业增加值比重分别为 7.8%、3.7%，均比 2013 年提高 0.5 个百分点，航空、航天器及设备制造业增加值比重为 0.9%，比 2013 年提高 0.1 个百分点；高端产品增势较好，2015 年战略性新兴产业产品中的水质污染防治设备增长 39.6%，锂离子电池增长 632.1%，太阳能电池增长 74.9%。2016 年上半年，四川省高技术产业增加值占全部规模以上工业总量的 10.5%，比去年同期提高 0.4 个百分点，增速同比增长 10.2%，高于工业平均增速 2.4 个百分点，对工业增长的贡献率为 13.2%。其中，航空、航天器及设备制造业增长 21.5%，贡献率为 0.4%；电子及通信设备制造业增长 19.5%，贡献率为 9.7%；医疗仪器设备及仪器仪表制造增长 10.2%，贡献率为 0.6%；医药制造业增长 9.1%，贡献率为 4.4%。新产品释放增长潜力，成为创新驱动的引擎，其中新能源汽车同比增长 431%，城市轨道车辆增长200%，智能手机增长 72.7%，光缆增长 45.2%。

二是传统行业转型升级成效显著。2016 年上半年，酒、饮料和精制茶制造业，非金属矿物制品业，石油和天然气开采业 3 个行业对工业增长贡献最大，贡献率达到 26.3%，拉动工业增长 2.1 个百分点。白酒市场有所回暖，名优白酒价格继续调升，在五粮液、泸州老窖、郎酒、剑南春等企业的带动下，酒、饮料和精制茶制造业同比增长 9.9%，对全省工业增长贡献率为 10.3%，拉动工业增长 0.8 个百分点。在砖瓦、石材等建筑材料，玻璃制品制造等的拉动下，非金属矿物制品业同比增长 8.9%，对工业增长的贡献率为 8.3%，拉动工业增长 0.7 个百分点。由于新增产能持续释放，在长宁天然气开发公司、中石化广元天然气净化公司的带动下，石油和天然气开采业同比增长 22.9%，对全省工业增长的贡献率为 7.7%，拉动工业增长 0.6 个百分点。

（3）服务业发展加快。

在金融、物流、旅游业等现代服务业快速发展的带动下，四川服务业发展加快，成为全省经济增长的新动力和新引擎。2014 年，四川第三产业增加值首次超过万亿元，2015 年达 12 132.6 亿元，是 2012 年的 1.5 倍，首次超过工业增加值。2013—2015 年，第三产业增加值年均增长 9.6%，其中，金融业增加值年均增长 12.7%，交通运输、仓储和邮政业增加值年均增长 9.9%，房地产业增加值年均增长 10.1%，均快于四川地区生产总值的年均增速。

2. 需求结构转型取得进展

从消费结构来看，消费新业态发展迅速。2015 年，限额以上批发和零售业通过互联网实现商品零售额 333.1 亿元，增长 78.7%，拉动社会消费品零售总额增长 1.2 个百分点，增长贡献率达 9.9%；消费升级类商品快速增长，体育、娱乐类增长 59.3%，通信器材类增长 28.5%，文化办公用品类增长 21.3%，家具类增长 20.3%。

从投资结构来看，投资主体多元化，民间投资活力不断增强。2015 年，民间投资 13 964.2 亿元，是 2012 年的 1.4 倍，民间投资占全社会投资的比重达 53.8%，比 2012 年提高 0.3 个百分点。

3. 区域均衡发展取得明显成效

（1）多点多极发展战略助推区域经济均衡发展。

2014 年，成都经济总量突破万亿元，2015 年达到 10 801.2 亿元，占全省经济总量的比重为 35.9%，比 2012 年提高 1.8 个百分点。其他市州发展势头喜人。2015 年，地区生产总值超过千亿元的市州有 14 个，比 2012 年增加

5 个。2015 年，四川 183 个县（市、区）中生产总值总量超过 100 亿元的有 110 个，比 2012 年增加 25 个，其中超过 300 亿元的县（市、区）有 24 个，比 2012 年增加 7 个。

（2）城镇化水平稳步提升。

2015 年年末，四川常住人口为 8 204 万人，其中城镇人口 3 912.5 万人，城镇化率为 47.7%，比 2012 年提高 4.2 个百分点，城镇人口平均每年增加一百多万人。

（二）锐意改革创新，新旧增长动力转换进程加快

1. 深入推进改革，着力释放市场活力

四川通过简政放权，实现还权于市场，发挥了市场对资源配置的决定性作用，进一步激发了民营经济活力。2015 年，四川民营经济增加值达 18 266 亿元，是 2012 年的 1.3 倍，占地区生产总值比重为 60.7%，比 2012 年提高 1.7 个百分点；2013—2015 年年均增长 10%，比地区生产总值快 1.2 个百分点。

2. 加强科技创新，培养经济增长内生动力

全省研究与试验发展（R&D）经费支出规模从 2012 年的 350.9 亿元提升至 2015 年的 502.9 亿元，R&D 支出占地区生产总值比重从 1.47% 提高到 1.67%；地方一般公共预算支出中科学技术支出从 59.4 亿元增至 96.1 亿元。

3. 推进需求动力转换，实现投资和消费双动力拉动

资本形成总额占地区生产总值比重从 2012 年的 52.3% 逐年回落至 2015 年的 49.3%，最终消费占地区生产总值比重从 50% 稳步提升至 52.5%，比资本形成总额占比高 3.2 个百分点。2015 年，最终消费对全省经济增长的贡献率为 51.5%，比资本形成总额高 3.5 个百分点。

2015 年，全省全社会固定资产投资为 25 973.7 亿元，是 2012 年的 1.4 倍，年均增长 12.9%，2012—2015 年投资总量比 2000—2011 年这 12 年的投资总量还多。全省社会消费品零售总额为 13 877.7 亿元，是 2012 年的 1.4 倍，年均增长 13%。

（三）深入推进供给侧结构性改革，可持续发展能力增强

从 2015 年开始，四川持续深入推进以"三去一降一补"为重点的供给侧结构性改革，取得良好成效。

1. 去产能效果显现

2015 年以来，高耗能产业能耗持续下降，增加值占工业比重逐步降低，去产能成效明显。2016 年上半年，原煤产量同比下降 2.3%，生铁产量下降 7.7%，粗钢产量下降 8.5%，十种有色金属产量下降 20.1%。高耗能产业增速

放缓，黑色金属冶炼和压延加工业增长 6.2%，比去年同期下降 1.2 个百分点。黑色金属冶炼和压延加工业增加值占规上工业比重从 2013 年的 4.2% 下降到 2015 年的 3.2%，煤炭开采和洗选业增加值比重从 3.4% 下降到 2.7%。

2. 去库存稳步推进

2016 年上半年，全省商品房销售面积为 3 840.9 万平方米，同比增长 14.7%，增速比去年同期提高 10.4 个百分点。全省商品住宅的销售周期从 12.4 个月降低到 11.4 个月。

3. 降成本落地实施

2016 年以来，为降低企业生产负担，直供的电、气的价格有所下调；5 月份四川省全面实行营改增后，进一步降低了企业生产经营成本。

4. 补短板扎实有效

全省基础设施投资继续保持较高速度增长，农业发展基础进一步夯实，2016 年上半年完成基础设施投资 4 435.1 亿元，同比增长 19.5%，比去年同期提高 1.9 个百分点。其中，水利管理业投资增长 37.2%，比去年同期提高 31.7 个百分点；农、林、牧、渔业投资增长 39.9%，比去年同期提高 7.5 个百分点。

## 二、四川经济结构存在的问题

（一）要素投入结构——要素驱动，创新不足

通过建立 C-D（柯布-道格拉斯）生产函数模型，计算 1990 年以来四川资本投入、劳动力投入和技术进步对经济增长的贡献率，可以看出，资本投入是四川经济增长的主要源泉。"十五"以来，四川资本投入对经济增长的贡献率基本保持在 60% 以上，2010 年以来资本的贡献率逐渐下降，2012 年资本贡献率为 53.3%。技术进步是四川经济增长的第二推动力，2012 年四川技术进步贡献率已达 44.3%，但与发达国家 60%~80% 的技术进步贡献率相比，技术进步对四川经济增长的贡献率还有很大的上升空间。

2000—2012 年四川资本、劳动力、技术进步贡献率如图 3-1 所示。

（二）需求结构——投资拉动，内外需不足

从需求结构来看，四川资本形成率不断上升，2009 年达到最高点后有所下降，至 2015 年，四川资本形成率为 49.3%；而四川最终消费率不断下降，2015 年，四川最终消费率为 52.5%，比全国高 0.9 个百分点，但低于北京、上海、广东等地，也远低于发达国家 70%~80% 的消费率。

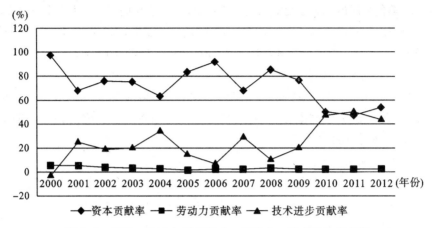

**图 3-1　2000—2012 年四川资本、劳动力、技术进步贡献率**

净出口在四川经济中所占的比重较低，对经济的影响相对于投资和消费来说较小。2000 年以来，四川省外贸依存度总体上来说呈现上升的趋势，相比我国 2001—2012 年外贸依存度的平均值 50% 来说，四川经济的外贸依存度仍然偏低。作为重要的西部内陆城市，加大对外开放格局，提升外贸依存度，建立更开放的外向经济模式，是四川经济需要突破的一大难题，也是四川经济转型的重要方向。

2000—2015 年四川最终消费率和资本形成率的变化情况如图 3-2 所示。

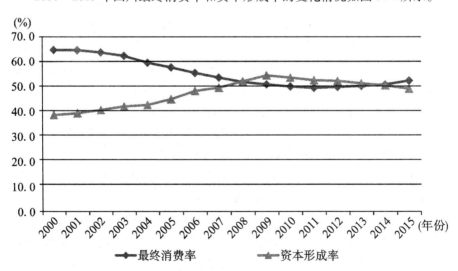

**图 3-2　2000—2015 年四川最终消费率和资本形成率的变化情况**

2015 年四川最终消费率、资本形成率与其他地区的比较情况如表 3-1
所示。

表 3-1　2015 年四川最终消费率、资本形成率与其他地区的比较情况

| 2015 年 | | |
|---|---|---|
| 地区 | 最终消费率（%） | 资本形成率（%） |
| 全国 | 51.6 | 44.9 |
| 四川 | 52.5 | 49.3 |
| 北京 | 63.0 | 36.9 |
| 上海 | 59.1 | 38.0 |
| 江苏 | 50.0 | 43.6 |
| 浙江 | 48.8 | 44.0 |
| 广东 | 51.1 | 41.7 |

从内部消费结构来看，四川居民消费率不断下降，特别是农村居民消费率
不断下降，而城镇居民消费率和政府消费率基本保持稳定。2015 年四川居民
消费率为 40.2%，其中，农村居民消费率仅 14.5%，远低于发达国家的居民消
费率。

（三）产业结构——工业拉动，服务业发展不足

从产业发展来看，四川三次产业结构从 2000 年的 24.1∶36.5∶39.4 转变
为 2015 年的 12.2∶44.1∶43.7，第一产业比重不断下降，工业比重上升至
2011 年的 47.8% 后开始有所下降，第三产业比重经历下滑后 2011 年起开始有
所增加，2015 年第三产业比重为 43.7%，与发达国家和国内发达地区的差距
还比较大。

从各产业对经济增长的贡献率来看，工业对经济增长的贡献率最大，但近
两年有所下降，第三产业贡献率在经历多年波动下滑后，近两年有所增加。
2015 年工业贡献率为 53.9%，第三产业贡献率为 41.1%，工业仍然是拉动四
川经济增长的主要动力。

2000—2015 年四川产业结构变化情况如图 3-3 所示。

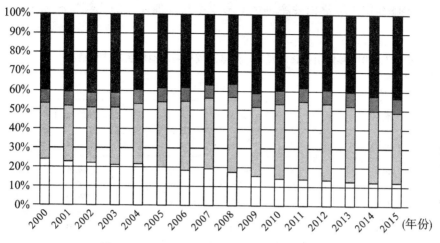

图3-3　2000—2015年四川产业结构变化情况

（四）区域结构——单极辐射，区域发展不均衡

从四川21个市州的发展情况来看，成都单极发展特征明显，区域发展不均衡。作为西部重要的经济、文化、金融中心，成都已率先进入工业化后期发展阶段，在成都的辐射影响下，德阳、绵阳等市也相继进入工业化加速发展阶段，而巴中、甘孜等7个市州仍处于工业化前期发展阶段，发展相对滞后。同时，四川区域性贫困特征明显，攀西大小凉山彝区、川西北高原藏区、川北秦巴山区、川南乌蒙山等四大连片贫困区，是四川贫困人口相对集中、贫困程度最深的地区，四川36个国家扶贫开发重点县均分布在这四大贫困区。

2015年四川21个市州主要统计指标如表3-2所示。

表3-2　　　　　2015年四川21个市州主要统计指标

| 地区 | 地区生产总值（亿元） | 人均生产总值（元） | 农村居民人均纯收入（元） | 城镇化率（%） |
|---|---|---|---|---|
| 全省 | 30 053 | 36 775 | 10 247 | 47.69 |
| 成都 | 10 801 | 74 273 | 17 514 | 71.47 |
| 自贡 | 1 143 | 41 447 | 12 088 | 47.88 |
| 攀枝花 | 925 | 75 078 | 12 861 | 64.74 |
| 泸州 | 1 353 | 31 714 | 11 359 | 46.08 |
| 德阳 | 1 605 | 47 501 | 12 787 | 48.47 |
| 绵阳 | 1 700 | 35 754 | 11 349 | 48.00 |

表3-2(续)

| 地区 | 地区生产总值<br>（亿元） | 人均生产总值<br>（元） | 农村居民人均纯收入<br>（元） | 城镇化率<br>（%） |
|---|---|---|---|---|
| 广元 | 605 | 23 263 | 8 939 | 40.83 |
| 遂宁 | 916 | 27 868 | 11 379 | 45.91 |
| 内江 | 1 199 | 32 080 | 11 428 | 45.61 |
| 乐山 | 1 301 | 39 973 | 11 649 | 47.31 |
| 南充 | 1 516 | 23 881 | 10 292 | 43.82 |
| 眉山 | 1 030 | 34 379 | 12 756 | 41.87 |
| 宜宾 | 1 526 | 34 060 | 11 745 | 45.10 |
| 广安 | 1 006 | 31 046 | 11 371 | 37.22 |
| 达州 | 1 351 | 24 343 | 10 688 | 40.87 |
| 雅安 | 503 | 32 523 | 10 195 | 42.55 |
| 巴中 | 501 | 15 076 | 9 084 | 37.52 |
| 资阳 | 1 270 | 35 702 | 12 284 | 39.50 |
| 阿坝 | 265 | 28 647 | 9 711 | 36.77 |
| 甘孜 | 213 | 18 423 | 8 408 | 28.06 |
| 凉山 | 1 315 | 28 276 | 9 422 | 32.44 |

从城乡发展情况来看，四川第一产业和非农部门的比较劳动生产率均有所下滑，差距逐渐减小，但二元对比系数一直保持在0.22~0.26。发展中国家的二元对比系数通常为0.31~0.45，发达国家为0.52~0.86，四川二元对比系数还比较小，城乡二元经济还比较显著。

（五）企业结构——非公经济贡献大，综合竞争力弱

从所有制结构来看，四川民营经济对经济增长的贡献率较大，一直保持在60%。民营经济比重逐年增加，2015年民营经济占比达60.7%。但从总体上来看，四川民营经济仍存在市场主体总量不足、规模偏小、竞争力不强的问题。从全国范围看，经济强省都是民营经济发达的省份，四川民营企业户数只有江苏的40%、浙江的60%；四川每万人拥有民营企业56户，而江苏省为167户，浙江省为142户；2014年中国民营企业500强中四川仅有13家，浙江、江苏分别达138、96家。

四川国有和民营经济比重变化情况如图3-4所示。

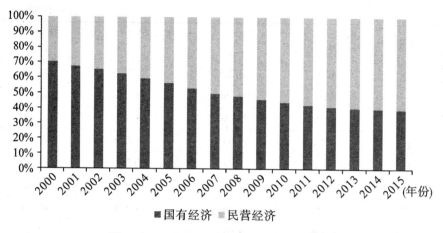

图3-4  四川国有和民营经济比重变化情况

### 三、四川经济转型升级面临的机遇和挑战

（一）国内外经济转型的迫切要求

2008年金融危机后，世界各国都在积极推动经济转型升级。美国正在通过"振兴制造业""再工业化"战略，着力推进智能制造业转型升级；欧盟大规模发展绿色能源，推动经济从"高碳"向"低碳"转型；新的科技革命带动全球产业链升级，数字制造、大数据、云计算等都在向制造业渗透。在推动经济转型升级方面，世界各国基本上处于同一起跑线。掌握先机，将会争取到更多发展权和控制权。在世界经济转型大背景下，四川经济发展、企业形态都要适应这种变化，否则将面临大规模制造能力被淘汰的风险。

同时，伴随着经济转型升级，世界范围内开始进行第五次产业大转移。与前四次不同的是，这次转移出现了"双向转移"现象。一方面，受"再工业化"的影响，产业高端链条回流欧美发达国家；另一方面，受成本上升的影响，产业低端链条开始从中国向成本更低的地区转移。在此影响下，四川承接东部沿海地区产业转移的步伐有所减缓，同时在成本上升的影响下，四川也面临产业向低成本地区转移的风险。如何引进和留住高端产业，带动四川经济转型升级，是当前四川需积极应对的一大难题。

（二）国内区域政策的调整

近年来，为促进区域协调发展，国家做出了推进西部大开发、振兴东北地区等老工业基地、促进中部地区崛起、发展新丝绸之路经济带、发展长江经济带等重大战略决策。未来区域经济的格局将在总体上呈现沿海、沿边、长江流域推进开放、开发，形成东、中、西部一体化发展的局面，而四川作为西部和长江上游重要的经济中心，将会迎来更加宽松的政策环境，也将有更多的发展机遇。但同时，新一轮西部大开发、新丝绸之路经济带建设将使得西部地区要素资源进一步分流，地区间或城市间竞争将进一步加剧。

（三）四川在所处发展阶段的发展需求

目前，四川仍处于工业化中期前半阶段，且地区人均生产总值已突破3 000美元，按照国际经验，这将是经济发展转型升级的重要时期。在这一发展阶段，三次产业开始优化，服务业发展逐步加快，但所占比重难以显著提升，工业仍然是拉动经济发展的重要动力；同时，经济发展质量将显著提升，城镇化率将持续快速上升，居民收入也将较快增长。这是四川所处发展阶段所具备的特征，也是四川经济发展的需求。

（四）四川在所处社会地位上的发展需求

四川是一个多民族省份，是中国最大的彝族聚居区，第二大藏族聚居区和唯一的羌族聚居区，少数民族人口约占全省人口总数的7%。同时，四川还有四大连片扶贫开发区，其中，三州地区既是民族聚居区，也是连片贫困区，这些地区自然条件相对恶劣、致贫因素复杂、扶贫工作难度大。加快民族地区、贫困地区经济社会的发展，既是民族人口和贫困人口实现可持续发展的需求，也是四川经济社会协调发展、可持续发展的需求，更是实现全国社会稳定、社会安全的需求。

（五）四川在所处生态地位上的发展需求

四川是长江、黄河和各大支流的重要水源发源地及涵养区，是长江上游重要的生态屏障，在全国范围内生态地位显著。四川生态环境的状况，不仅关系自身的长远发展，更直接关系着长江流域乃至国家的生态安全和可持续发展。近年来，四川启动和实施了达州大型天然气田开发和金沙江大型水电站建设等一批大型项目，其中部分项目所在地区人口密度较大、生态环境敏感，资源开发面临着巨大的移民、灾害、环境等方面的压力。此外，四川工业中有相当部分是资源依托型产业，在发展过程中稍有不慎即会对资源和环境造成重大损害，从而削弱四川作为长江上游生态屏障的生态保护功能。当前，四川经济增长的资源环境制约因素日益凸显，迫切需要加快经济结构的调整。

**四、四川经济转型升级方向**

（一）经济转型升级的基本方向——发展五大经济

经济转型升级是2020年全面建成小康社会的必然要求和重要内容，四川经济转型升级的目标和方向，应与党的十八大提出的目标、任务和重大举措，以及四川经济发展阶段紧密联系起来。以此分析，四川经济转型升级的基本方向就是发展五大经济，即创新型经济、需求驱动型经济、产业协调发展型经济、区域均衡发展型经济、人口与资源环境协调发展型经济，从而推动经济更有效率、更加公平、更加协调、更可持续、更高水平地发展。

（二）经济转型升级的基本内容——实现八大转变

针对当前四川经济发展中存在的内外需发展不足、服务业发展不足、区域发展不平衡、企业综合竞争力不足、产品附加值不够高等结构性问题，四川要加快推进经济结构战略性调整升级，以改善需求结构、优化产业结构、促进区域协调发展为重点，形成新的经济发展方式。具体来讲，就是要实现八大转变。

一是提高生产要素配置效率，增强创新驱动发展新动力，实现从以要素驱动为主向创新驱动的转变。

二是调整投资结构，保持投资合理增长，着力培育内外需市场经济新增长点，实现从以投资拉动为主向投资消费协调拉动、内外需联动拉动的转变。

三是调整分配结构，从注重效益到注重公平，着力提高城乡居民收入，缩小收入分配差距，完善社会保障制度，实现从滞后的国民收入分配向收入合理分配的转变。

四是加快传统产业转型升级，推动现代农业、战略性新兴产业、先进制造业和现代服务业的健康发展，实现从以工业拉动为主向三产协调联动拉动的转变。

五是充分发挥各地区资源优势，实施区域协调发展战略，实现从区域单极辐射向多点多极发展的转变。

六是加快新型城镇化建设，加大统筹城乡发展的力度，增强农村发展活力，实现从城乡二元化向城乡一体化的转变。

七是着力培育新型市场主体，鼓励企业加快建立现代企业制度，实现从传统企业向现代企业的转变。

八是在加快产业、企业转型升级的同时，着力打造特色产品、高端产品，实现从产品低附加值向高附加值的转变。

## 五、经济转型升级对四川经济增长的影响

经济转型升级的根本路径是通过资源的重新配置、生产要素的重组，实现经济增长方式的转变和经济结构的优化，从而实现经济长期、持续、健康的发展。从经济规律看，经济转型升级是一个长期的过程，但在短期内，经济结

构调整可能会在一定程度上影响经济增速。本书以产业结构和需求结构调整为例，分析了经济转型升级对四川经济增长的影响。

（一）产业结构调整对四川经济增长的影响

1. 从历史数据来看，比重越大的产业增速变化对生产总值增速的影响越大

2012 年以来，四川加快产业结构调整的步伐，三次产业增速均有所下降，但由于第二产业所占比重最大，因此，第二产业特别是工业增速下滑及其内部结构的调整对生产总值增速的影响最大。四川地区生产总值增速从 2011 年的 15% 回落至 2015 年的 7.9%，生产总值增速回落 7.1 个百分点，其中，第二产业回落至 2015 年的 7.8 个百分点，影响生产总值增速回落 5.8 个百分点。

2. 从未来发展趋势来看，短期内产业结构调整影响经济增长速度

假如未来一段时期三次产业缩减指数保持 2013 年水平不变，我们做两种测算：

（1）假定第二产业增速高于第三产业，四川 15 年后第三产业比重将大于第二产业比重，生产总值年均增速为 8.7%。假如全年三次产业增速保持上半年水平，则 2014 年全年三次产业结构将调整为 12.5∶51.5∶36，生产总值增速为 8.3%。同时，我们将用 15 年的时间调整使得第一产业比重小于 10%，且第三产业比重大于第二产业比重，此时，三次产业结构为 6.9∶46.1∶47.0，而生产总值年均增速为 8.7%。

（2）假定在经济转型升级的压力下，第三产业增速高于第二产业，四川 10 年后第三产业比重将大于第二产业比重，生产总值年均增速为 8.4%。若三次产业增速分别为 3.5%、8.5% 和 9%，则 2014 年全年三次产业结构将调整为 12.5∶51.2∶36.3，生产总值增速为 8%。同时，我们将用 10 年的时间调整使得第一产业比重小于 10%，且第三产业比重大于第二产业比重，此时，三次产业结构调整为 8.4∶45.7∶45.9，而生产总值年均增速为 8.4%。

从预测结果来看，由于现阶段四川第二产业比重较大，因此，若第二产业增速持续高于第一、三产业，则产业结构调整时间相对来说会较长，生产总值增速回落幅度有限；若第二产业加快调整，增速低于第三产业，则产业结构调整时间会缩短，但生产总值增速回落幅度相对较大。

四川产业结构调整对经济增长的可能影响如表 3-3 所示。

表 3-3　　　　　　四川产业结构调整对经济增长的可能影响

| 三次产业增速假设数 | | | 2020 年预测数 | | 2023 年预测数 | | 2028 年预测数 | |
|---|---|---|---|---|---|---|---|---|
| 第一产业(%) | 第二产业(%) | 第三产业(%) | 地区生产总值年均增速(%) | 三次产业结构 | 地区生产总值年均增速(%) | 三次产业结构 | 地区生产总值年均增速(%) | 三次产业结构 |
| 3.9 | 9.3 | 8.5 | 8.6 | 9.8:49.5:40.7 | | | 8.7 | 6.9:46.1:47.0 |
| 3.5 | 8.5 | 9 | 8.3 | 9.6:47.7:42.7 | 8.4 | 8.4:45.7:45.9 | | |

（二）需求结构调整对四川经济增长的影响

从需求结构与生产总值增速的数量关系来看，资本形成总额比重大，其增速对生产总值增速的影响也较大。2000 年以来，四川资本形成总额年均增速达 15%，比最终消费高 4.3 个百分点；2015 年，四川资本形成率为 52.5%，比最终消费率高 3.2 个百分点，而货物和服务净出口为负数。

从消费结构内部来看，居民消费比重大，但增速低于政府消费增速，这使得居民消费比重呈逐年下降趋势。2000 年以来，政府消费年均增速为 13%，比居民消费高 2 个百分点，政府消费占最终消费的比重从 2000 年的 20.6% 上升至 2015 年的 23.5%，居民消费比重从 2000 年的 79.4% 降至 76.5%。

从居民消费来看，城镇消费比重和增速均高于农村消费。2000 年以来，城镇消费年均增速为 11.9%，比农村消费高 4.6 个百分点，城镇消费占居民消费的比重从 2000 年的 52.7% 上升至 2015 年的 64%，而农村消费比重从 2000 年的 47.3% 降至 2012 年的 36%。

在四川结构转型的压力下，未来一段时期，投资增速和政府消费增速可能有所下滑，而居民消费特别是农村消费增速将会上升，这使得需求结构和消费结构不断调整优化，而地区生产总值增速在短期内会有所回落。

**六、四川经济转型升级思路**

（一）处理好经济转型升级与经济增长的关系

经济结构调整是经济长期、稳定和健康发展得以实现的保证，而保持合理的经济增长速度是经济转型升级的基本要求。经济增速过高，会使经济发展不平衡、不协调问题进一步加剧；经济增速过低，转型升级缺乏支撑，会给就业、税收、城乡居民收入等带来冲击。生产总值增速不仅仅是个统计数据，更是多方面经济运行的结果显示，经济结构调整也要保持一定的经济增速，确保经济平稳运行。目前，四川正处于工业化加速发展时期，与东部地区相比，四川经济发展水平还较低。因此，四川既要把握好经济发展阶段优势，顺应经济发展规律，保持一定的经济增长速度，扩大经济规模，缩小与东部发达地区的差距，又要紧抓国内外经济结构大调整的发展机遇，把握经济结构调整的重点和难点，加快经济转型的步伐，在加快经济发展的同时，提高经济发展质量，促进增长速度与增长质量的统一。

**（二）把创新作为转型升级的核心推动力**

要通过知识创造，形成创新成果并在产业中进行应用，形成新兴产业。创新以新的知识和技术改造物质资本，产生新的商业模式，能够实现传统产业的转型升级。区域创新能够培育和保持经济发展的共性支撑能力，从而推动区域产业结构优化升级，并最终实现创新主体和区域在全球价值链分工中地位的升级变化。四川要突破发展瓶颈，实现区域经济可持续发展，提高经济发展质量，实现转型升级的目标，就必须把创新作为核心推动力，提高生产要素配置效率。

**（三）促进投资、内外需协调拉动**

**1. 调整投资结构**

在投资方面，要在投资规模和增速保持适度和稳定的基础上，实现投资结构的进一步优化和完善。一是要加大对保障性住房、基础教育、公共卫生、基础设施建设等领域的投入力度；二是要加大对民族地区、贫困地区、农村的投入力度；三是要重视发展和保护实体经济，严控高耗能、高污染和产能过剩行业的盲目扩张；四是要推进投资主体多元化，支持民间投资进入铁路、市政、金融、能源、社会事业等领域。

**2. 调整内外需结构**

四川地处内陆，对外开放明显滞后，四川出口依存度不到全国平均水平的三分之一。四川位于丝绸之路经济带与长江经济带的交汇点，在扩大外需方面，应紧抓全国区域政策大调整的契机，将丝绸之路经济带、长江经济带建设与新一轮西部大开发、扩大内需等战略有机融合，加大开放力度。

当前，四川居民消费率还比较低，在扩大内需方面，应加快培育消费点，扩大居民消费；改变公共服务长期供给不足的状态，进一步扩大基本公共服务；拉动内需还需要在经济转型中创造就业机会，提高居民整体收入水平，特别是增加中低收入者的收入。

**（四）促进三次产业协调发展**

**1. 发展生态农业**

四川是我国粮食作物和经济作物的重要产地，具有发展现代农业的资源优势，但面临着农业投入不足、农业基础设施薄弱、生产经营方式相对落后、金融等支撑服务体系较弱、产品附加值较低等问题，故应加快培育现代农业经营主体，加强农业基础设施装备建设，推进农业科技和经营机制创新，构建现代农业产业体系，推进农业规模化、标准化、生态化。

2. 实现传统产业升级换代、新兴战略加快发展

一是对于资源依托型企业，要把资源优势转化为产业优势，加强对资源的深度加工，提高产品附加值，提高资源综合开发和回收利用率，拉长产业链条；二是加快发展优势产业，通过做强企业、做大市场、做精技术、做优产品，构建完善并整合延伸优势产业链；三是要加快用新技术、新工艺改造传统产业，促进传统产业升级换代，有序淘汰一批高污染、高能耗的落后产能；四是积极培育新兴战略产业。

3. 生产性和生活性服务业协调发展

服务业具有低耗能、低污染、吸纳就业程度较高等特点，加快服务业发展是加快经济结构优化、促进产业升级和实现经济发展方式转变的必由之路。一是应加快商贸流通、现代金融、现代物流、信息服务等生产性服务业的发展，增强对工业化城镇化的配套和服务能力；二是要加快生活性服务业发展；三是要把特大城市和区域性中心城市作为服务发展的主要载体，发展一批物流、商贸、金融、科技、文化、信息等区域性服务中心；四是要建立完善有关服务业发展的政策和措施，破除制约服务发展的体制机制障碍，拓展服务业发展空间，增强服务业发展动力。

（五）推动区域协调发展

1. 多点多极发展

为解决四川区域经济发展不平衡的问题，四川提出要着力构建多点多极支撑，在提升首位城市、继续支持成都领先发展的同时，着力次级突破，指导和推动有基础、有条件的市州加快发展；夯实底部基础，发展壮大县域经济，推动民族地区、革命老区、贫困地区跨越发展，从而促进四川区域经济协调发展。

2. 新型城镇化发展

新型城镇化建设是四川经济增长的又一支撑点。一是要构建科学合理的城镇体系，重点发展区域性中心城市，支持成都更好地发挥特大中心城市的引领带动作用，推动一批市州所在城市发展成为特大城市和大城市，积极发展中小城市，有重点地发展小城镇；二是在城镇化进程中统筹区域发展；三是注重提高城镇化质量；四是统筹城乡发展，有序推动人口合理流动，有序推进农业转移人口市民化。

（六）提高企业综合竞争力

企业是经济发展的主体，也是经济结构转型升级的主体。四川应鼓励国有企业建立现代企业制度，提高企业竞争力。同时，从市场的角度来讲，民营经济接轨于市场经济体制，放手发展民营企业，有利于公平竞争。四川在发展国有经济的同时，还应进一步鼓励民营经济的发展，加强自主创新，积极参与国际竞争，推进民营企业的转型升级，并大力培育优质民营企业成为上市公司。民营企业也要在转型升级中建立现代企业制度，加快转型升级步伐。

# 第二节　新常态下四川产业结构优化动力研究

产业结构优化是指通过产业调整，实现资源优化配置，推进产业结构的合理化和高级化发展。在新常态下，产业结构优化的方向、动力何在，如何释放动力，是当前中国经济需要研究和破解的重大课题。笔者从产业结构演进的一般规律出发，运用四川产业发展的相关统计数据对四川产业结构优化的动力进行分析，最后对释放动力、促进四川产业结构优化提出了一些建议。

## 一、产业结构优化的基本趋势

（一）三次产业结构优化的基本趋势：由工业主导向服务业主导转换

根据产业结构的演变规律，随着经济的发展，第一产业在国民经济中的相对比重逐渐下降，第二、三产业相对比重逐渐上升，进入后工业化阶段。随着第三产业就业比重和增加值比重的上升，第三产业对经济增长的贡献率也逐渐上升，将成为经济发展主导产业。

美国、英国、日本等经济较发达国家遵循产业结构演变的规律，产业结构在工业化阶段表现为工业比重上升、农业比重下降、服务业比重变动不大或稍有提升。而在后工业化或现代化阶段，这些经济较发达国家的农业比重持续下降、工业比重下降、服务业比重上升。目前，发达国家服务业增加值占国内生产总值的比重均已超过70%。改革开放40年来，我国产业结构经历了从"二、一、三"到"二、三、一"再到"三、二、一"的演变过程。2015年，全国三次产业结构为12.2：44.1：43.7，第三产业占比持续上升，产业结构正由工业主导向服务业主导转换，服务业将获得更快发展，其对经济增长也将发挥更为重要的作用。

从四川产业结构演变情况来看，四川三次产业结构从1978年的44.5：

35.5：20.0，转变为 1991 年的 33.4：37.0：29.6，再到 1993 年的 30.2：39.0：30.8，再到 2015 年的 12.2：44.1：43.7，第一产业比重不断下降，工业比重上升至 2011 年的 45.1%后开始有所下降，第三产业比重经历下滑后 2011 年开始有所增加。目前，四川正处于工业化中期发展阶段，工业仍然是经济发展的主导产业，但服务业发展较快，占国民经济的比重持续上升。

1978—2015 年四川产业结构演变情况如图 3-5 所示。

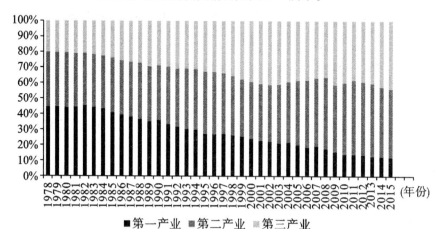

图 3-5　1978—2015 年四川产业结构演变情况

（二）产业内部结构优化的基本趋势：由初级化向高度化转换

从国内外产业变迁情况来看，在工业化进程中，随着科学技术的发展，通过提高加工程度，工业结构会从生产初级产品为主向生产高附加值产品为主的阶段过渡；随着经济发展和科技创新，工业结构进一步表现出技术和知识的集约化趋势，实现传统产业高技术化和以技术、知识密集为特征的尖端工业的兴起，如新材料工业、计算机工业、软件产业等。因此，产业结构呈现出农业生产和轻工业—重工业化—高加工度化—知识技术高度密集化、由初级化向高端化转换的发展轨迹。

当前，我国产业内部结构调整的主要特征就是传统产业向中高端现代产业转变，新产业、新技术、新业态异军突起。2015 年，全国工业高技术产业增速超过传统产业，高技术产业增加值同比增长 10.2%，占规模以上工业增加值的比重达 6.1%；金融业增加值增长 15.9%，占第三产业增加值的比重达到 16.8%；电子商务网上零售额增长 33.3%，比全社会消费品零售总额增速快 22.6 个百分点，并拉动快递业务量增长 51.9%。

从四川工业内部结构来看，四川工业资源型行业比重降低，重型化、资源型特征减弱。2015 年，六大高耗能行业、传统资源性行业产值比重达 29%，而高技术制造业产业产值在规上工业中占比为 27.9%，化工、冶金、建材、白酒等产业还存在产能过剩问题，面临较大的结构调整压力。但新兴产业、优势产业发展较快，产业结构向中高端迈进。2012—2015 年，四川高技术产业产值年均增长 17.9%，远高于四川工业平均增长水平，四川省提出的五大高端成长型产业也正在快速培育、加速成长，这将为四川工业增长注入不竭动力。

**二、四川产业结构优化的动力分析**

**（一）创新是产业结构优化的核心动力**

知识创新、技术创新和技术进步是经济增长的主要推动力量，也是产业结构变迁的核心动力。人类社会经历了四次技术革命，每一次都对产业结构调整影响巨大。第一次技术革命以纺织机器的发明和蒸汽机的广泛使用为主要标志，促进了纺织工业的兴起、运输业的跃进、钢铁和机械工业的崛起。第二次技术革命以电力的广泛应用、发电机和电动机的发明为主要标志，促进了汽车工业、航空工业的兴起和电力工业的崛起。第三次技术革命以原子能的利用、电子计算机的诞生和发展、高分子合成技术及空间技术为标志，带动了原子能工业的崛起和信息产业的快速发展。第四次技术革命以生物工程技术、信息网络技术、软件技术、新材料技术等为标志，带来高新技术产业的崛起，对产业结构升级产生了重大影响。技术革命会催生新的产业，并促使各个时期主导产业发生变化，进而促进产业结构和就业结构的调整。当前，以大数据、智能制造、绿色能源为代表的新一轮技术和产业革命席卷全球。在推动产业转型升级方面，世界各国基本上处于同一起跑线，只有加快创新、掌握先机，才能争取到更多发展权和控制权。在世界经济转型大背景下，四川经济发展、企业形态都要适应这种变化，否则将面临被淘汰的风险。

创新是应对新一轮技术和产业革命、促进产业结构优化的重要动力，而创新则受企业主体、研发资金、研发人才、政策环境等诸多创新要素的影响。当前，四川创新能力培育空间大，主要表现在以下几个方面：

1. 科技投入强度增长空间大

2014 年，四川科技支出达 81.8 亿元，居全国第 11 位，占全省财政总支出的比重为 1.2%，比全国低 1.03 个百分点，比北京市、上海市和浙江省分别低 5.05、4.13 和 2.83 个百分点。2014 年，四川 R&D 经费内部支出达 449.3 亿元，R&D 经费投入强度仅 1.57%，低于全国 2.1% 的平均水平，与发达地区相比存在较大差距，更是明显低于发达国家和新兴工业化国家。

## 2. 科技创新主体发展空间大

2015 年，四川科学研究和技术服务业就业人员达 30.25 万人，占全省就业人员的比重仅为 0.62%。其中，城镇科学研究和技术服务业就业人员规模超 20 万人，仅次于北京市、上海市、广东省和江苏省。2015 年，四川规模以上工业企业 R&D 人员达 5.7 万人，居西部首位，居全国第 13 位，与江苏、浙江、广东相比差距还较大，有较大的提升空间。

## 3. 科技创新成果转化空间大

2015 年，四川发明专利申请数为 21 912 件，居全国第 7 位，发明专利授权数为 8 085 件，居全国第 8 位，但仅相当于广东省的 15.7%。其中，规模以上工业企业发明专利申请数为 8 085 件，有效发明专利数为 17 601 件，居全国第 9 位，仅相当于广东省的 9.9%。规模以上工业企业新产品开发项目数为 6 971 项，居全国第 14 位，新产品销售收入 2 892.5 亿元，居全国第 10 位。

据测算，四川技术进步对经济增长的贡献率只有 30% 左右，远低于发达国家水平。整体而言，四川自主创新能力、科技综合实力低于全国平均水平，创新动力不足，但发展空间大。对此，四川应紧抓新一轮技术和产业革命带来的机遇，大力推进科技进步与创新，从而推动四川产业结构优化。

### （二）市场需求是产业结构优化的内在动力

市场需求是产业结构优化的内在动力，满足市场需求、适应市场需求的变化、创造新的市场需求是产业结构调整的重要方向。需求具有引导生产的作用，需求结构的变动会导致产业结构的变动。从影响产业结构变动的角度来看，个人消费结构、中间需求和最终需求的比例，消费和投资的比例，投资结构，净出口等因素的变动均会对产业发展产生不同程度的影响。此外，居民收入水平和收入分配差距决定消费规模和消费结构层次，进而影响产业结构。过去我国为满足外需经济，大力发展高耗能资源型产业和低附加值代工型制造业，产业结构呈现低端化和重型化特征。受国际经济形势的影响，市场需求发生了根本变化，外需持续疲软，过去投资比重较大的钢铁、煤炭、电解铝等部分行业无法适应市场需求的变化，产能严重过剩。随着扩大内需日渐成为我国经济的新增长点，食品、纺织、皮革、日用化工等生活消费品的需求不断扩大。与东部地区不同的是，四川内外需经济均发展不足，因此，扩大内外需成为四川产业结构优化的主要动力。

### 1. 四川内需市场发展潜力大

一是内需市场规模大。2015 年，四川常住人口达 8 204 万人，居全国第 4 位。四川一个省的人口总量与世界排在第 17 位国家的人口总量基本相当，比英国、法国等欧洲国家人口规模还大，本身就是一个巨大的消费市场。

二是市场购买力强。2015 年，四川个人储蓄存款余额达 2.9 万亿元，约占全国的 5%，人均储蓄达 3.5 万元，表明四川居民具有较大的市场购买潜力。近年来，四川出境旅游和出境消费急速增长，这也表明四川居民购买力强。

三是城镇化发展潜力大。2015 年，四川城镇化率为 47.7%，比全国平均水平低 8.4 个百分点，这是差距也是潜力。据测算，四川省城镇化水平每提高 1 个百分点，就能新增城镇人口 90 万人左右。城镇化发展不仅使城镇消费群体扩大，还将改善资源配置效率，使得消费结构不断升级，促进服务业快速发展。城镇化发展是促进内需发展和产业结构转型升级的重要抓手。

四是轻工业市场发展潜力大。四川产业结构偏重型化，直接满足居民消费需求的轻工业发展不足。四川拥有西南地区最大的成都平原和四川第二大的安宁河谷平原，是国内重要的商品粮油基地，然而，四川除酒业的全国市场占有率较高外，农副产品制造业、食品加工业等产业的产品附加值低、市场占有率低，省内中高端消费市场基本被外省、外国的企业所占有。加快轻工业发展，提高农副产品制造业、食品加工业、纺织业等产业的附加值和市场占有率，必将进一步促进四川产业结构优化。

2. 外需市场开拓空间大

与东部地区外需型产业结构相比，四川省外贸依存度只有 15% 左右，外需发展对经济发展的贡献率较低。近年来，四川引进企业和走出企业总量均大幅增加，四川企业和品牌影响力不断提升。2015 年，四川外商直接投资企业达 10 594 家，引进的世界 500 强企业有 219 家，分别是 2008 年的 1.2 倍和 1.5 倍；四川境外投资企业总量达 537 家，是 2008 年的 3.9 倍。当前，国家提出"一带一路"倡议，将进一步提升四川的区位优势，带动四川优势企业、技术、产品和服务向外输出，有助于四川消化过剩产能，优化产业结构。

（三）要素约束是产业结构优化的倒逼动力

作为重要的生产要素，劳动力、土地、资金等资源要素是经济发展的主要驱动力，也是产业结构优化的最直接动力。一般而言，产业结构的安排要以资源禀赋的比较优势为基础。在一些国家，自然资源禀赋对产业结构的影响较大，例如美国、英国、德国等发达国家的工业化发展以丰富的矿产资源和能源资源为前提。但是，自然资源禀赋并非唯一的决定性因素。随着科学技术的迅速发展、人力资本的大力开发和资金的大规模投入，人们对资源开发的深度不断加深、对资源利用的效率不断提高，自然资源、科学技术、人力资本、资金资本等要素共同构成影响产业结构调整的重要生产因素。凭借丰富的劳动力和资源优势，我国在世界产业分工中发展劳动密集型产业和资源型产业，即使是其他国家和地区的高科技产业也主要是利用我国的劳动力和土地资源优势。但伴随着经济转型升级，世界已开始进行以双向转移为主要特征的产业大转移，我国要素的数量比较优势已逐渐减弱。与全国类似，四川是我国的自然资源和劳动力资源大省，主导产业多为资源型和劳动密集型产业。在国内外经济调整和产业双向转移的影响下，四川要素数量比较优势也开始逐渐减弱，因此，要促进产业结构优化升级，需将要素数量优势转变为要素质量优势。

1. 人力资本要素挖掘空间大

从人口资源结构上来看，四川 65 岁及以上人口占比为 12.8%，老龄化程度居全国第 2 位，人口负担系数较大，人口红利优势已逐渐减弱。在人口素质方面，四川 6 岁及以上人口的平均受教育年限为 8.4 年，低于全国平均水平，劳动力素质提升空间大。但从劳动力资源总量上来看，四川人口总量较大，劳动力资源绝对数量仍然较多。2015 年，四川劳动力资源总数达 6 543 万人，居全国前列。四川省人社厅监测数据也显示，四川工业化、城镇化发展吸引部分外出务工人员回流。自 2012 年起，四川农业转移人口省内转移人数高于省外转移人数。因此，四川劳动力比较优势虽然有所减弱，但减缓趋势慢于全国。

2. 自然资源要素有效利用潜力大

从自然资源环境要素方面来看，四川自然资源富集、生态地位显著，但存在人均耕地资源低于全国平均水平、部分矿产资源人均占有率低、重要矿产富矿不足等问题，四川资源环境约束强于全国。凭借丰富的矿产资源和水资源，四川高耗能产业、传统资源产业比重较大，工业资源性特征明显，部分地区资源开发面临着巨大的移民、灾害和环境压力，资源环境制约因素日渐凸显，迫切需要加快调整经济结构。近年来，四川采取了强化战略资源保护、严格准入、淘汰落后产能、发展循环经济等措施，提高土地和矿产资源的综合利用效率，为资源集约有效利用做出了巨大努力。在经济转型大背景下，四川还应加强资源开发利用方面的技术创新，在资源集约利用的技术基础，新技术、新设备研发和利用等方面取得进步，推动资源利用方式的根本性转变，从而促进产业结构的调整。

此外，四川生态资源丰富，是我国三大林区、五大牧区之一，是全国生态建设的核心地区、生物多样性富集区和长江上游重点水源涵养区，也是典型的生态脆弱区，在生态产业发展方面具有得天独厚的优势，这些也为四川产业结构优化提供了重要的要素动力。

3. 资金投入结构优化调整空间大

资本要素是经济发展的重要生产要素，资金投入总量、资金投入结构等均将影响产业结构的优化调整。从投资总量来看，四川全社会固定资产投资稳步增长，2013 年突破 2 万亿元大关，2015 年实现 25 973.7 亿元。从投资结构来看，交通运输业，科学研究和技术服务业，商务服务业，教育、水利、环境和公共设施管理业等行业投资增速快，占全社会固定资产投资的比重有所增加。近年来，政府还加大投资结构的调整，加大对农业、中小微企业、创新企业等领域的资金支持力度，在一定程度上缓解了中小企业、民营企业长期存在的融资难、贷款难、担保难的问题，为四川产业结构升级提供了资金保障。

（四）市场主体是产业结构优化的自主动力

企业作为市场主体，是推动产业结构优化的重要动力。以新能源、信息技术、生物技术为核心的技术与产业革命不仅带来了一系列重大科技创新和产业突破，还将带来企业生产管理全流程的根本变化，使得传统的规模化生产向个性化制造和批量定制制造转变，也将引发人类生活方式的巨大变化，创造出新的消费需求，为企业带来新的发展机会。新产品、新模式、新业态、新产业等新竞争要素的培育恰逢其时。面对机遇和挑战，企业为追求利润最大化和保持竞争优势，必须要顺应新技术和产业变革趋势，加快科技创新，及时转型升级，以此来提高企业劳动生产率和资本收益率，提升企业竞争力。然而，企业市场主体地位的发挥、自主创新动力的强弱与市场竞争密切相关。垄断企业由于缺乏市场竞争，往往效率低下，创新动力不足。因此，培育和壮大市场主体是打破垄断、加剧市场竞争、推动企业自主创新、激活市场活力、促进产业结构优化的重要途径。

1. 市场主体发展空间大

从数量上来看，四川市场主体总量稳步增长。2015 年，四川全省实有各类市场主体（含分支机构）399 万户，约占全国的 5%，同比增长 12.3%。从规模上来看，四川市场主体户的规模均较小。2015 年，四川实有注册资本（金）6.5 万亿元，约占全国的 4%，同比增长 31.7%；户均注册资本为5 882.9 万元，比全国户均注册资本少 48 万元。从结构上来看，四川市场主体结构持续优化。2015 年，四川第一、二、三产业市场主体户数分别为 15.6 万户、26.2 万户、357 万户，分别同比增长 25.8%、6.1%、12.3%，市场主体产业结构由 2014 年的 3.5：7.0：89.5 调整为 2015 年的 3.9：6.6：89.5。整体而言，四川市场主体数量增长较快，结构优化明显，但规模有待壮大。

## 2. 民营经济主体活力提升空间大

四川民营经济主体对四川经济增长的贡献大，经济贡献率一直保持在60%以上。但是，四川民营经济存在市场主体总量不足、规模偏小、竞争力不强的问题。从全国范围来看，经济强省都是民营经济发达的省份。2015年，四川民营经济增加值为30 053.1亿元，不足江苏和广东的50%。截至2015年年底，四川个体私营经济共有市场主体386.4万户，只相当于江苏和广东的40%。2015年中国民营企业500强中，四川仅有12户，户均营业收入为318.3亿元；而浙江有138户，户均营业收入为220.5亿元，江苏有91户，户均营业收入为326亿元。

### （五）区域协调发展是产业结构优化的空间动力

当前，区域发展不平衡是制约四川经济发展的一大问题。四川各市州发展基础不同、资源禀赋不同、发展阶段不同，产业结构优化的动力可能有所差异，但各市州的产业结构优化和经济均衡发展将共同推进全省的产业结构优化。

### 1. 各市州产业结构优化空间大

从各市州产业发展结构来看，2015年，成都三次产业结构调整为3.5∶43.7∶52.8，其第三产业比重高于全国平均水平，服务业成为经济发展中的主导产业，产业结构较优。自贡、攀枝花等19个市州的三次产业结构均为"二、三、一"结构，工业仍然在经济发展中起主导作用，工业和服务业发展空间都很大。甘孜州三次产业结构为25.5∶35.6∶38.9，呈现"三、二、一"结构，是一种低水平的产业结构，工业化率仅21%，服务业比重仅38.9%，工业、服务业发展水平均很低。此外，还有南充、达州、资阳、甘孜州4个市州的第一产业比重高于20%，产业结构优化调整的空间还很大。

2015年四川21市州主要产业发展指标如表3-4所示。

表3-4　　　　　2015年四川21市州主要产业发展指标

| 地区 | 第一产业增加值（亿元） | 第二产业增加值（亿元） | 工业增加值（亿元） | 第三产业增加值（亿元） | 三次产业结构 | 工业化率（%） | 规模以上工业企业数（家） | 规模以上工业利润总额（亿元） |
|---|---|---|---|---|---|---|---|---|
| 成都 | 373.2 | 4 723.5 | 4 056.2 | 5 704.5 | 3.5∶43.7∶52.8 | 37.6 | 3 542 | 510.98 |
| 自贡 | 128 | 664.4 | 605.0 | 350.7 | 11.2∶58.1∶30.7 | 52.9 | 537 | 76.08 |
| 攀枝花 | 31.3 | 661 | 633.2 | 232.8 | 3.4∶71.4∶25.2 | 68.4 | 330 | 19.44 |
| 泸州 | 167.8 | 806.7 | 747.7 | 378.8 | 12.4∶59.6∶28.0 | 55.2 | 629 | 103.42 |
| 德阳 | 208.2 | 903.3 | 887.5 | 493.6 | 13.0∶56.3∶30.8 | 55.3 | 1 336 | 180.57 |
| 绵阳 | 260.1 | 858.9 | 728.0 | 581.4 | 15.3∶50.5∶34.2 | 42.8 | 838 | 101.00 |

表3-4(续)

| 地区 | 第一产业增加值(亿元) | 第二产业增加值(亿元) | 工业增加值(亿元) | 第三产业增加值(亿元) | 三次产业结构 | 工业化率(%) | 规模以上工业企业数(家) | 规模以上工业利润总额(亿元) |
|------|------|------|------|------|------|------|------|------|
| 广元 | 99.8 | 285.5 | 244.6 | 220.1 | 16.5 : 47.2 : 36.4 | 40.4 | 427 | 35.67 |
| 遂宁 | 141.7 | 514.3 | 433.7 | 259.8 | 15.5 : 56.2 : 28.4 | 47.4 | 500 | 69.01 |
| 内江 | 191.2 | 717.8 | 665.2 | 289.7 | 15.9 : 59.9 : 24.2 | 55.5 | 402 | 71.98 |
| 乐山 | 142.5 | 767.1 | 720.6 | 391.7 | 11.0 : 58.9 : 30.1 | 55.5 | 621 | 63.59 |
| 南充 | 335.5 | 741.1 | 592.7 | 439.6 | 22.1 : 48.9 : 29.0 | 39.1 | 645 | 156.58 |
| 眉山 | 159.6 | 578.1 | 497.2 | 292.1 | 15.5 : 56.1 : 28.4 | 48.3 | 604 | 80.76 |
| 宜宾 | 216.4 | 889.9 | 812.7 | 419.7 | 14.2 : 58.3 : 27.5 | 53.3 | 630 | 207.92 |
| 广安 | 163.3 | 520.2 | 408.1 | 322.1 | 16.2 : 51.7 : 32.0 | 40.6 | 492 | 52.24 |
| 达州 | 290.8 | 657.5 | 572.5 | 402.4 | 21.5 : 48.7 : 29.8 | 42.4 | 493 | 120.99 |
| 雅安 | 72.4 | 280.9 | 239.2 | 149.2 | 14.4 : 55.9 : 29.7 | 47.6 | 324 | 32.24 |
| 巴中 | 84.0 | 233.8 | 144.2 | 183.6 | 16.8 : 46.6 : 36.6 | 28.8 | 240 | 16.95 |
| 资阳 | 250.9 | 702.9 | 631.0 | 316.6 | 19.7 : 55.3 : 24.9 | 49.7 | 417 | 83.47 |
| 阿坝 | 40.8 | 130.0 | 106.5 | 94.2 | 15.4 : 49.1 : 35.5 | 40.2 | 117 | 7.88 |
| 甘孜 | 54.4 | 75.8 | 44.7 | 82.8 | 25.5 : 35.6 : 38.9 | 21.0 | 53 | 6.60 |
| 凉山 | 263.6 | 648.7 | 472.0 | 402.6 | 20.0 : 49.3 : 30.6 | 35.9 | 345 | 97.39 |

## 2. 各市州均衡发展支撑力度大

从经济发展阶段来看,作为西部重要的经济、文化、金融中心,成都已率先进入工业化后期发展阶段。在成都的辐射影响下,德阳、绵阳等市也相继进入工业化加速发展阶段,而甘孜、巴中等市州仍处于工业化前期发展阶段,发展相对滞后。从发展水平来看,成都、攀枝花人均地区生产总值已突破70 000元,而广元、遂宁、南充、达州、阿坝、凉山6个市州则不足30 000元,甘孜州和巴中则不足20 000元,市州间发展水平差异较大。同时,四川区域性贫困特征明显,全省共计88个国家级扶贫开发重点县,攀西大小凉山彝区、川西北高原藏区、川北秦巴山区、川南乌蒙山等四大连片贫困区贫困人口多、贫困程度深、致贫因素复杂、扶贫开发难度大。从城镇化发展来看,成都城镇化率已达71.47%,而广安、巴中、资阳、阿坝、甘孜、凉山6个市州城镇化率不足40%。为推动区域协调发展,四川提出要着力实施多点多极发展战略,加快新型城镇化发展,这成为四川产业结构优化的重要推动力。此外,在全国打造新的经济增长点、增长极、增长带的大背景下,四川积极融入"一带一路"建设,成都城市群作为长江经济带上的重要节点,将与重庆共同助推成渝经济群成为中国经济增长的第四极,强力推动成都以及整个四川加快发展,促进产业结构优化升级。

2015 年四川 21 市州主要经济指标如表 3-5 所示。

表 3-5 2015 年四川 21 市州主要经济指标

| 地区 | 地区生产总值（万元） | 人均地区生产总值（元） | 城镇化率（%） | 全社会固定资产投资（亿元） | 社会消费品零售总额（亿元） | 城镇居民人均可支配收入（元） | 农民人均纯收入（元） |
|------|------|------|------|------|------|------|------|
| 成都 | 10 801.2 | 74 273 | 71.47 | 7 006.97 | 4 946.2 | 33 476 | 17 514 |
| 自贡 | 1 143.1 | 41 447 | 47.88 | 638.95 | 501.6 | 26 267 | 12 088 |
| 攀枝花 | 925.2 | 75 078 | 64.74 | 644.51 | 286.2 | 30 362 | 12 861 |
| 泸州 | 1 353.4 | 31 714 | 46.08 | 1 463.71 | 559.7 | 26 656 | 11 359 |
| 德阳 | 1 605.1 | 45 701 | 48.47 | 981.31 | 616.0 | 27 049 | 12 787 |
| 绵阳 | 1 700.3 | 35 754 | 48.00 | 1 154.09 | 879.2 | 27 170 | 11 349 |
| 广元 | 605.4 | 23 263 | 40.83 | 583.23 | 296.6 | 23 628 | 8 939 |
| 遂宁 | 915.8 | 27 868 | 45.91 | 1 011.61 | 415.8 | 25 012 | 11 379 |
| 内江 | 1 198.6 | 32 080 | 45.61 | 803.76 | 408.6 | 25 787 | 11 428 |
| 乐山 | 1 301.2 | 39 973 | 47.31 | 987.81 | 552.0 | 26 361 | 11 649 |
| 南充 | 1 516.2 | 23 881 | 43.82 | 1 388.98 | 698.8 | 23 950 | 10 292 |
| 眉山 | 1 029.9 | 34 379 | 41.87 | 1 032.37 | 388.8 | 26 395 | 12 756 |
| 宜宾 | 1 525.9 | 34 060 | 45.10 | 1 295.51 | 676.0 | 26 207 | 11 745 |
| 广安 | 1 005.6 | 31 046 | 37.22 | 1 131.97 | 413.5 | 26 072 | 11 371 |
| 达州 | 1 350.8 | 24 343 | 40.87 | 1 331.68 | 672.5 | 23 884 | 10 688 |
| 雅安 | 502.6 | 32 523 | 42.55 | 531.41 | 200.2 | 25 318 | 10 195 |
| 巴中 | 501.3 | 15 076 | 37.52 | 1 030.30 | 254.5 | 23 845 | 9 084 |
| 资阳 | 1 270.4 | 35 702 | 39.50 | 1 045.65 | 464.7 | 26 424 | 12 284 |
| 阿坝 | 265.0 | 28 647 | 36.77 | 400.04 | 76.0 | 25 939 | 9 711 |
| 甘孜 | 213.0 | 18 423 | 28.06 | 421.83 | 74.2 | 24 978 | 8 408 |
| 凉山 | 1 314.8 | 28 276 | 32.44 | 1 073.18 | 497.2 | 24 084 | 9 422 |

### 三、促进四川产业结构优化的政策建议

市场是产业结构优化的主要动力，而政府是促进市场释放动力、激发市场主体活力、推动产业结构优化的重要推手。笔者基于政府视角，重点从以下几个方面提出建议：

（一）全面深化改革，保障市场公平

要通过全面深化改革，充分释放改革红利，为市场充分发挥资源优化配置

作用做好制度保障，提供公平的市场竞争环境。

1. 深化财税体制改革，夯实市场主体发展基础

一是完善税收体系。要推进税制改革，充分发挥财税政策在企业投资、居民消费中的引导作用，对传统产业改造提升、新兴产业发展、循环经济、双创新业态等具备较大发展潜力的领域，制定财税产业支持政策，减轻相关领域企业的税收负担，激发市场主体的活力，从供需两个方面共同助推产业优化升级。

二是优化收入分配体制。建立健全工资正常增长机制，稳步提高居民收入水平；规范收入分配秩序，调整行业工资标准；根据实际情况调整个人所得税起征点，加快个人所得税改革，有效调整缩小收入分配差距，激发消费需求，释放市场需求动力；建立跨区域利益分享机制，对总部经济、项目合作共建、飞地经济、跨区域水电项目等跨区域经济合作项目的税收分配进行统一规范，理顺地区间利益分配关系，促进区域经济协调发展，增强产业结构优化的空间动力。

三是调整转移支付结构。建立完善财政转移支付制度，进一步加大基建、民生、环保等公共需求投入；加大对边远地区、民族地区、欠发达地区的财政转移支付力度，同时，应考虑由于要素资源的不平衡导致的区域产业布局、发展的不平衡，建立县级财力保障制度，探索合理的横向转移支付，解决区域发展不平衡问题。

2. 加大金融支持力度，优化金融资源配置

一是建立健全多层次的金融市场体系。发展多层次的资本市场，大力发展资金市场、保险市场和各类债券市场，紧抓四川矿产资源、水资源和农业资源优势，探索发展要素交易市场，建立间接融资和直接融资"双轮"驱动的金融体系，打造市场化金融资源配置平台；建立多层次的社会信用体系，培育和发展各类信用服务机构，构建诚实守信、公平有序的金融市场环境；建立多层次的融资担保体系，鼓励和支持融资担保机构开展实体经济、创新企业、小微企业、三农等的融资担保业务。

二是建立健全差别化的金融支持体系。增强资金支持的针对性和有效性，加大对有市场发展前景的先进制造业、战略性新兴产业、现代信息技术产业和信息消费、服务业、传统产业改造升级以及绿色环保等领域的资金支持力度；加大对成长空间大的创新型、创业型、成长型中小企业的资金支持力度；加大对作为发展基础的实体经济、小微企业、三农等领域的资金支持力度；对产能过剩行业区分不同情况实施差别化政策，严禁为产能严重过剩行业违规建设项

目提供融资，防止盲目投资加剧产能过剩。

三是鼓励金融创新。加快发展民营金融、农村金融、互联网金融等，鼓励发展金融新业态、新产品和新服务，支持金融机构创新经营模式和服务方式；适当放宽创新型、成长型企业的创业板准入标准，鼓励私募股权投资基金、风险投资基金产品创新，促进创新型、创业型中小企业融资发展，推动大众创业、万众创新。

3. 加快市场化改革，构建公平的市场体系

一是简政放权，建立服务型政府。要在投资领域，让投资主体获得更多的投资自主权；在生产经营活动领域，在市场机制有效调节、行业组织自律管理的范围内取消政府审批，变事前审批为事中和事后监督；在资质资格许可、认定和评估以及知识产权保护等领域，政府主要负责依法制定标准或评价规范，变直接参与为间接管理；在工商登记和社会组织管理制度领域，降低准入门槛，实行宽进严管的政策，充分发挥市场在资源优化配置中的基础作用，激发市场主体的发展活力和创造力。

二是打破垄断，加快发展市场经济。应推进国有企业改革，加强分类管理，梳理绝对控股、相对控股、持股参股及退出的企业清单，深化行业改革，增强国有经济的活力和动力。进一步优化非公有制经济发展体制环境，放开、放宽民营资本准入领域，逐步建立完善政府与社会资本合作的新格局，在国有资本相对集中的领域，有序放宽市场准入。

4. 制定产业发展政策，引导产业高端化、合理化

一是以市场需求为导向，引导催生能够带来效益的创新产业产品。产业政策要更多强调适应性，要抓住新一轮机遇，以重大发展需求为契机，实现重点突破，通过技改、科研等增强竞争力，同时发挥好消费政策的作用，引导消费升级方向，激活社会潜在消费需求。

二是合理布局，避免产业同构。在要素约束下，应根据各地资源禀赋、经济发展水平、产业结构做好顶层设计，确定优先发展的产业的发展方向和支柱产业，避免千篇一律、一哄而上，造成资源浪费和产能过剩。在产业选取上，应根据地区主体功能定位、资源比较优势、资源环境承载力等，确定不同的主导产业和产业结构。

三是打破行政区划阻隔，加强区域产业协作。积极促进区域间产业融合发展，加强区域合作，实现产业优势互补。同时，通过区域间的要素流动，大力培育产业间融合发展的新业态、新产业、新模式，在"价值链提升"上明确方向，推动制造业服务化发展。

（二）实施创新驱动，强化产业结构优化的原动力

1. 搭建创新平台，吸引集聚创新要素

一是加强创新创业载体建设。各地区要着力建设创新创业园区、科技企业孵化器等创新平台，健全公共科技服务平台，搭建高水平的科技资源服务共享平台；联合高校、科研院所和企业研发中心，建立协同创新示范基地，鼓励科研院所开放科技资源平台，为创新创业企业提供优质服务。

二是加强高端智库建设。应围绕创新驱动战略和当前国内外科技发展趋势，吸纳科研院所高端人才，建设高端科技智库，就各项改革、产业结构调整、重大项目建设等开展多层次、多领域、多形式的决策咨询工作，为政府决策和企业发展提供有效支撑。

三是成立科技创新基金。科技创新往往具有周期长、风险高、资金投入大的特点，应成立科技创新基金，加大对科技创新的资金扶持力度，对双创、科技转化、核心技术等领域落实专项资金予以支持。同时，还要落实和完善双创企业、高新技术企业的财税优惠政策。

2. 培养创新主体，不断增强创新活力

一是明确企业创新主体地位，引导创新要素向企业集聚。要引导大中型企业建立研发机构，大力培育创新型中小企业，鼓励企业与科研院所进行科技合作，支持和引导创新要素向企业集聚，不断增强企业创新动力、创新活力、创新实力。

二是要加快培养科技人才队伍。支持企业引进海外高层次人才，加强专业技术人才和高技能人才队伍建设，加强对企业科研和管理骨干的培训，健全科技人才流动机制，鼓励科研院所、高等学校和企业的创新人才进行双向流动，鼓励和支持科技人才创业，充分调动科技人才的创新积极性。

3. 强化成果转化，充分释放创新活力

一是要鼓励和支持基础应用研究。要围绕当前国内外科技发展趋势和国内产业发展特点，开展大批具有前瞻性的科学技术研究，掌握一批核心关键技术和自主知识产权，引领未来经济发展。

二是要着力推动科技成果转化。要建立健全科技成果转化机制，改革科技成果转化评价机制，建立财政支持、社会参与的科技成果转化投入机制；规范科研院所科技成果管理制度和流程，加强知识产权保护和运用；鼓励和支持企业向科研院所、中介服务机构征集所需的科技成果或科技成果转化的合作者，加强科技成果推广应用，实现科技成果的产业化和市场化，释放创新活力。

（三）调整需求结构，强化产业结构优化需求动力

1. 稳定投资规模，优化投资结构

第一，在投资领域上，要加大对保障性住房、基础教育、公共卫生、基础设施建设等领域的投入力度，加大对民族地区、贫困地区、农村的投入力度。第二，在产业投资上，要重视发展和保护实体经济，严控高耗能、高污染和产能过剩行业的盲目扩张。要加大对四川五大高端成长型产业和五大新兴先导型服务业的投资力度，加大对双创企业、小微企业和三农等领域的投资力度，加快培育新的投资增长点。第三，在投资资金来源上，要推进投资主体多元化，支持民间投资进入铁路、市政、金融、能源、社会事业等领域。

2. 创造培育消费需求，扩大居民消费

第一，以新一轮产业革命为契机，着力发展四川农产品加工业、纺织业等轻工业市场，创造和培育新的消费需求，改善居民消费预期，进一步拓展内需空间，释放市场潜在需求，引导庞大的居民储蓄转化为强大的现实购买力。第二，以新型城镇化建设为契机，促进消费结构升级，进一步挖掘农村消费市场和消费需求。第三，要推进市场载体建设，优化消费环境，加强市场监管力度，做好消费品行业管理。第四，通过构建多层次的商业服务体系、加强物流信息化建设等措施，有效降低消费品流通成本，稳定商品零售价格，提高居民消费水平。

3. 提升区位优势，加大对外开放力度

四川应将丝绸之路经济带、长江经济带建设与新一轮西部大开发、扩大内需、南向开放等战略有机融合，进一步实施"引进来"与"走出去"战略。第一，要具备战略眼光，加快基础设施建设，拉近与国际、国内市场的时空距离，进一步提升四川对外开放的区位优势。第二，要加快培育四川优势产业、优势产品和优势品牌，与相关国家和地区建立互动共推机制，带领川企、川货走出去，扩大四川经济的影响力和市场份额。要积极推动钢铁、建材、水能、化工等富余产能的有序转移，通过开拓国际市场消化过剩产能。第三，积极参与国际经济技术合作和竞争，吸引更多高端生产要素，提高四川外向型产业集中集约发展水平。

（四）培育竞争要素，强化产业结构优化要素动力

1. 创新人才培养机制，构建多层次创新人才体系

创新驱动实质上是人才驱动，无论是在数量还是质量上，四川创新人才需求都十分紧迫。教育体系是创新人才培养的关键体系，应赋予各种层次的学校不同的人才培养定位，在注重科技领军人才培养的同时，不能忽视基层实用型

创新人才的培养，从而形成多层次的创新人才培养的金字塔。要从幼儿教育、中小学教育、职业教育、高等教育各个环节入手，构建良好的创新教育生态链，改善人才培养的软环境，减少中学教育中的应试成分，破除大学中的学科壁垒现象，并加强与企业之间的联系，推进产学研一体化建设。

2. 创新要素多维结合，提高生产资源配置效率

创新不仅是技术创新，还包括生产创新、产品创新、服务创新、管理创新、商业模式创新等，在鼓励技术创新的基础上，要将技术创新与产业的生产创新、组织创新、管理创新等结合起来，改善生产经营模式，降低生产经营成本，降低物化劳动消耗，提高产业增加值率，促进生产资源的有效配置，培育经济发展新动力。

3. 培育市场新主体，构建现代企业治理体系

市场主体是创新的主体，也是产业结构优化升级的主体。四川应鼓励国有企业建立现代企业制度，提高企业竞争力。同时，从市场的角度来讲，民营经济更接轨于市场经济体制，放手发展民营企业，将有利于公平竞争。四川在发展国有经济的同时，还应进一步鼓励民营经济发展，加强自主创新，积极参与国际竞争，推进民营企业转型升级，建立现代企业制度，加快转型升级步伐，并大力培育优质民营企业成为上市公司。

（五）区域协调发展，强化产业结构优化的区间支撑动力

1. 加快多点多极发展，缩小区域发展差距

为解决四川区域经济发展不平衡的问题，四川提出要着力构建多点多极支撑，在提升首位城市、推动天府新区领先发展的同时，着力次级突破，加快川南经济区、攀西经济区等地区的发展，指导和推动有基础、有条件的市州加快发展；夯实底部基础，发展壮大县域经济，推动民族地区、革命老区、贫困地区跨越发展，从而促进四川区域经济协调发展。在"十三五"时期，生态文明建设和贫困地区脱贫是区域经济发展的重点，对于资源环境承载力较低的限制开发区，四川应加快探索生态特区，加强生态保护和生态建设，同时，还应加快实施精准扶贫，以期2020年四川贫困人口如期脱贫。

2. 加快两化互动发展，提高城镇化发展质量

当前，四川城镇化率还低于全国水平，农业人口占比还比较大，提高户籍人口城镇化率、加快新型城镇化建设、产城融合发展是四川产业结构优化的又一支撑点。一是要统筹兼顾产业、人口、经济社会等方面的发展需要，健全城市基础设施、基本公共服务和社会保障体系，提升城市综合功能和承载能力，提升城镇化发展的内生动力。二是要着力进行产业结构调整和优化升级，大力

培育和发展以金融、教育、商贸物流、现代服务、旅游文化、休闲娱乐等以就业为取向的城市产业，在保持成都市吸纳农业转移人口优势的同时，全面放开大中小城市和建制镇落户条件，依托优势资源发展特色产业，防止城镇发展空心化、孤岛化，增强中小城市、小城镇的人口吸纳能力。三是统筹城乡发展，推动工业化、城镇化和农业现代化三化联动发展，有序推动人口合理流动，在有序拓展城镇发展空间的基础上实现产业结构的优化升级。

## 第三节　新常态下四川产业结构调整与劳动力供需变化研究

进入"新常态"以来，国内、省内经济发展中供给与需求之间的矛盾日益凸显，突出表现为要素供给滞后于市场需求变化。这就要求在适度扩大总需求的同时加快推进供给侧结构性改革，用改革的办法矫正供需结构错配和要素配置扭曲的现象，促进要素流动和优化配置，实现更高水平的供需平衡。劳动力作为生产要素属于供给侧，产业良性发展需要有效的劳动力资源供给。尤其在经济转型和结构调整过程中，劳动力资源作为第一资源，其开发和利用将摆在更加重要的位置，加快推动劳动力资源从数量规模型向质量效益型转变，可以为经济持续协调发展提供更加坚实的人力资源支撑。

笔者以四川省第六次人口普查和 2015 年 1%抽样人口调查数据为基础，分析了四川省劳动力供给最新变化趋势，从劳动力的数量、素质、劳动参与率等角度出发，利用就业弹性系数、就业结构偏离度、劳动生产率等技术分析劳动力供给与产业发展之间的关系，探讨"新常态"背景下如何通过劳动力供给侧改革促进产业转型升级发展。

### 一、四川产业结构调整的现状及趋势

（一）全省产业结构调整的总体情况

三次产业结构呈现出"降一降二增三"的特征。四川省在经济发展过程中，第一产业比重持续下降，从 2005 年的 20.1%下降到 2015 年的 12.2%；第二产业所占比重在 2011 年达到峰值 50%，此后逐步下降；第三产业所占比重从 2005 年的 38.4%下降至 2011 年的 33.4%时出现拐点，到 2015 年回升至 40.3%。

三次产业内部结构持续优化。四川第二产业内部重型化趋势明显，资源类

产业发展迅速。2003年至今，重工业占第二产业比重均高于60%，石油、天然气、有色金属开采及冶炼产业比重有显著上升。第三产业内部仍以传统服务业为主，但金融及其他现代服务业比重大幅度上升。

2005—2015年四川省三次产业生产总值占比情况如图3-6所示。

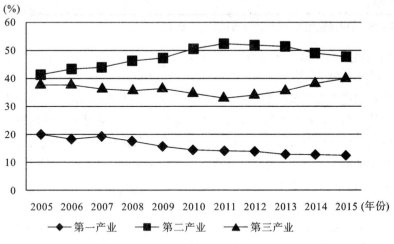

**图3-6　2005—2015年四川省三次产业生产总值占比情况**

数据来源：2015年四川统计年鉴。

四川产业结构与全国平均水平相比存在较大差距。2015年全国三次产业结构为9.0∶40.5∶50.5，四川第一产业比重比全国平均水平高3.2个百分点，第二产业比重比全国平均水平高7个百分点，第三产业比重比全国平均水平低10.2个百分点。

工业化的演进阶段可以通过产业结构变迁来反映。在前工业化阶段，第一产业的比重（A）较大，第二产业的比重（I）较小，第三产业比重（S）很小；随着工业化的发展，第一产业比重逐渐减小，第二产业比重逐步加大，第三产业比重开始缓慢加大。当第一产业比重减小到10%左右，第二产业比重达到最高水平并保持相对稳定，基本实现工业化。到后工业化阶段，第二产业比重开始减小，第三产业比重逐渐超过第二产业。以此为标准，全国已经进入工业化后期阶段。

库兹涅茨工业化阶段划分标准如表3-6所示。

表 3-6　　　　　　　　　　　库兹涅茨工业化阶段划分标准

| 基本指标 | 前工业化阶段 | 工业化实现阶段 | | | 后工业化阶段 |
|---|---|---|---|---|---|
| | | 初期 | 中期 | 后期 | |
| 三次产业产值结构 | A>I | A>20%且 A<I | A<20%且 I>S | A<10%且 I>S | A<10%且 I<S |

注：本表根据库兹涅茨《现代经济增长理论》整理。

四川整体上还处于工业化中期阶段。2015 年四川三次产业结构比例为 12.2∶47.5∶40.3，按照库兹涅茨标准，四川处于工业化中期阶段。这一阶段的特点是制造业内部由轻型工业快速增长转向重型工业快速增长，非农业劳动力占主体，第三产业开始迅速发展，资本密集型产业占据优势。四川下一个发展阶段是工业化后期阶段，该阶段与工业化中期阶段相比，一个重要的特征变化是在中期依靠高投资、重化工业主导发展而支撑的高速增长将难以为继，潜在经济增长率将会自然回落，这也是当前经济进入"新常态"的深刻背景。从产业结构指标上来看，四川需要将第一产业的比重再降低 2.3 个百分点才能达到工业化后期的阶段。2010—2015 年，四川省第一产业比重年均降幅为 0.6 个百分点，假如以此为标准，预计全省在 2019 年左右便可进入工业化后期阶段。

（二）产业转型趋势及对劳动力市场的影响

1. 由工业拉动型向服务业拉动型转变

进入工业化中后期阶段，产业转型升级的一个突出特点是从工业经济向服务业经济转变。2016 年上半年，四川服务业增速达 8.6%，高于第二产业 1.2 个百分点，服务业占地区生产总值的比重达到 42.6%，经济重心正在向服务业倾斜，经济要素也在向服务业聚集。"十三五"期间，四川将加快发展现代服务业，培育电子商务、现代物流、现代金融、科技服务、养老健康服务、服务外包等新兴先导型服务业，提升生产性服务业高端化、专业化、标准化发展水平，促进生活性服务业向精细化、高品质服务业转变。服务业是劳动密集型产业，就业弹性较大，对就业的吸纳能力比较强，服务业主导的经济结构将形成新增就业不断扩大的新常态。

2. 由要素驱动型向创新驱动型转变

发展动力从主要依靠资源和低成本劳动力等要素投入转向创新驱动是新常态的基本特征之一。"十三五"期间，四川将依托成德绵开展系统性、整体性、协同性改革的先行先试，推进以科技创新为核心的全面创新。创新驱动实际上是人才驱动，人力资本的积累是经济增长的源泉，没有技术人才的有力支撑，创新就是无源之水、无本之木，四川也许只能在发展低端产业中徘徊。加大人力资本投资，提升劳动者素质，实现从劳动力驱动向人力资本驱动的转变将是四川产业转型和经济可持续发展的必然选择。

3. 由价值链低端向价值链高端转变

随着经济进一步发展，受劳动力价格攀升、原材料价格上涨、环境保护以及出口减少等因素的影响，传统低附加值加工业的优势正逐步减弱，产业转型升级必然朝着全球价值链的高附加值环节追赶。"十三五"期间，四川将以高端成长型产业和新兴先导型服务业为引领，推动信息技术、航空航天技术应用、高档数控机床和机器人、轨道交通装备、节能环保装备、新能源汽车、新材料、生物医药和高端医疗设备、油气钻采与海洋工程装备等先进制造业加快发展；推动电子信息、装备制造、汽车制造、食品饮料等传统优势产业转型升级；加快发展现代服务业，大力推进农业现代化，重塑产业发展新优势。技能人才是实现产业优化升级的重要支撑。中国制造 2025 四川行动计划和重点产业调整振兴计划，对技能型人才的数量和质量需求急剧增加，培养和聚集具备高超技能、良好专业技术、与产业发展相匹配的技能的人才队伍成为当务之急。

## 二、四川劳动力供求现状及趋势分析

### (一) 劳动力供给现状

1. 劳动力资源开始减少

人口年龄结构的变动是影响劳动力供给数量的首要因素。在人口总量既定的情况下，决定劳动力供给的首先是总人口中劳动年龄人口（16~64 岁）所占的比例，而年龄结构又跟生育率水平变化有着直接的联系。人口由高出生率、高死亡率和高增长率向低出生率、低死亡率和低增长率转变必然带来人口结构的变化，形成在某个时期内劳动年龄人口持续增长的现象。在总和生育率低于更替水平的情况下，劳动年龄人口增长必然会达到某一个峰值，然后开始减少。四川省劳动力人口总量在 2013 年左右达到历史峰值 5 728.4 万人，之后开始呈现下降趋势，2015 年全省劳动年龄人口为 5 668.9 万人，比 2013 年减少 59.5 万人。

2. 劳动参与率下降

劳动参与率是决定劳动力现实供给的重要因素。劳动参与率是经济活动人口（全体就业人员和失业人员）占劳动年龄人口的比率，反映劳动力参与社会经济活动的程度，同时也反映经济活跃程度和发展状况。由 2000 年、2010年和 2015 年三次人口普查数据可知，2000 年、2010 年、2015 年四川的劳动参与率分别为 88.6%、80.3%、72.1%，劳动年龄人口参与经济活动的比重在快速减小。年龄别劳动参与率的峰值与谷值之间的差距越来越大，其中，低龄组

（16~24 岁）劳动力的劳动参与率大幅下降主要是因为受教育年限的提高。

三次人口普查四川劳动参与率变化情况如图 3-7 所示。

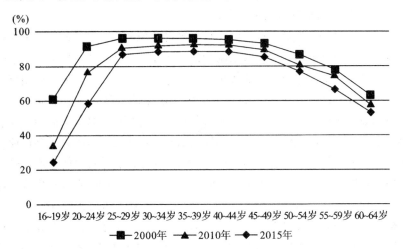

图 3-7　三次人口普查四川劳动参与率变化情况

数据来源：四川省第五次、第六次人口普查资料，2015 年四川省 1% 人口抽样调查。

## 3. 劳动年龄人口老龄化

伴随着老龄化进程，劳动年龄人口内部也呈现出不断老化的趋势，对劳动力供给产生巨大影响。图 3-8 和图 3-9 展示了 2000 年和 2015 年劳动年龄人口按更细年龄别分组后的对比情况。

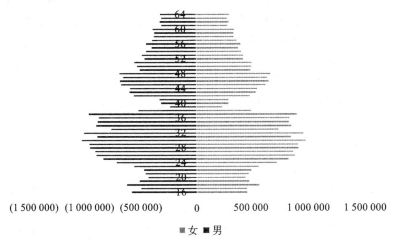

图 3-8　2000 年劳动年龄人口金字塔

数据来源：四川省第五次人口普查资料。

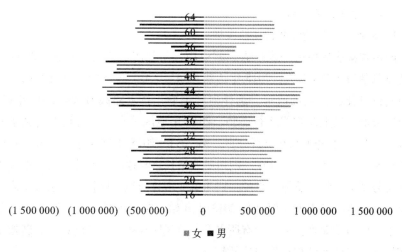

(1 500 000)　(1 000 000)　(500 000)　　0　　500 000　1 000 000　1 500 000

■女 ■男

**图 3-9　2015 年劳动年龄人口金字塔**

数据来源：2015 年四川省 1%抽样调查数据。

从图中可以看到，2000 年以来劳动年龄人口的年龄构成发生明显的变化。劳动力的年龄结构重心由 2000 年的 25～35 岁区间演变到 2015 年的 40～50 岁区间。壮年（24～44 岁）劳动力数量趋于下降，中老年劳动力（45～64 岁）比重大幅度增加，中老年劳动力数量已经超过青年劳动力数量。在人口老龄化程度不断加深的形势下，青壮年劳动力比重的减小会对经济发展产生不利的影响，因为该年龄组的劳动参与率是各年龄组劳动人口中最高的，青壮年劳动力比重的减小和老年劳动力比重的增加意味着劳动力供给减少。

4. 劳动力素质有所提高

四川就业人口的受教育程度有了较大提升。"历年就业人口大专以上比例"指标数据显示，就业人口中，劳动者大专以上人口比例总体呈增长趋势，2006 年之前增长幅度较为平稳，2006—2009 年基本处于停滞状态，2009—2012 年以 20.99%的平均速度快速增长，但就业人口大专以上比例低于全国平均水平。同时，就业人口技能素质有了较大提升，全省专业技术人才、高技能人才数量稳步增长，素质和结构不断优化，截至 2015 年年底，四川专业技术人才总量达 299 万人，技能人才总量达到 735 万人，其中高技能人才 102.4 万人，比 2010 年年底增长 91.4%。

四川人力资源素质提高为推动四川经济社会发展提供了有力支撑。但是，初中学历的就业人口比重较大也为高级技能人才的储备带来了隐患，四川高学历人才比例低于全国平均水平，未来可能成为产业转型升级的阻力。

（二）劳动就业现状

1. 就业扩大与经济增长良性发展

四川省就业规模进一步扩大，就业增长与经济增长高度相关。2000年城乡就业总量为4 658万人，2015年达到4 847万人。经济增长对就业的连带效应与实行何种经济发展政策、选择何种工业化技术路线有关。2001年以来，四川经济增长呈上抛物线运行态势，2010年地区生产总值增长率达到了峰值15.1%，10年上升了6.6个百分点，但2011—2015年这5年间，地区生产总值增长率又下降7.2个百分点。四川就业增长率与地区生产总值增长率表现出来的态势基本一致。总体上来说，四川就业增长与经济增长的关系属于高经济增长、就业机会扩大型。但是从2013年开始，在经济增长速度进一步回落的情况下，四川就业增长率反而有所上升，这说明经济总量不断扩大，新增市场主体增加，对就业的拉动能力依然较强。

2000—2014年四川经济增长率和就业增长率如图3-10所示。

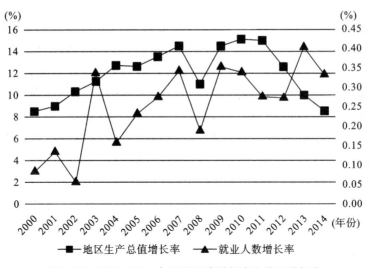

图3-10　2000—2014年四川经济增长率和就业增长率

数据来源：2015年四川统计年鉴。

注：地区生产总值增长率使用左边主坐标轴；就业增长率使用右边次坐标轴。

2. 城乡就业人数呈反向变动趋势

伴随着城市化进程的加快，城镇第二、三产业发展迅速，就业岗位不断增加，吸引了大量的农村剩余劳动力向城镇非农产业转移就业。2001—2015年，四川城镇就业人数从1 108.6万人增长到1 566万人，农村人数从3 556.2万人减少到3 281万人。

2001—2015 年四川省城乡就业人口数量如图 3-11 所示。

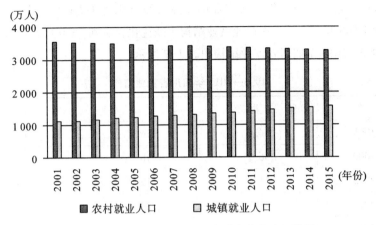

图 3-11　2001—2015 年四川省城乡就业人口数量

数据来源：2015 年四川统计年鉴。

城镇就业弹性系数在波动中趋于上升。2000 年以来，四川地区城镇生产总值增长 1 个百分点，带动就业增长的百分点趋于增加，四川城镇吸纳劳动力的能力略有增强。农村的就业弹性系数基本处于比较稳定的状态，而在 2009 年出现了异常值，这是由于 2009 年出现金融危机，四川省农村大量外迁劳动力因失业而返乡。

2000—2014 年四川省城乡就业弹性系数变化情况如图 3-12 所示。

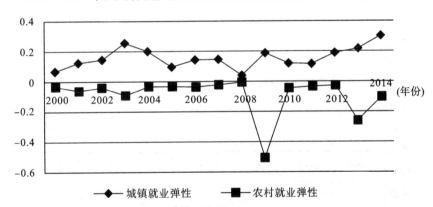

图 3-12　2000—2014 年四川省城乡就业弹性系数变化情况

数据来源：2015 年四川统计年鉴。

3. 就业结构优化滞后于产业结构优化

按产业划分，2015 年三次产业的就业人数分别为 1 870.9 万人、1 289.3 万人和 1 686.8 万人。三次产业就业结构不断优化，达到 38.6∶26.6∶34.8。

1995—2015 年四川省就业结构如表 3-7 所示。

表 3-7　　　　　　　　　1995—2015 年四川省就业结构

| 年份 | 第一产业（%） | 第二产业（%） | 第三产业（%） |
|------|------|------|------|
| 1995 | 64.6 | 16.3 | 19.1 |
| 2000 | 56.7 | 18.7 | 24.6 |
| 2005 | 51.5 | 19.7 | 28.8 |
| 2010 | 43.7 | 24.9 | 31.4 |
| 2013 | 40.6 | 26 | 33.4 |
| 2014 | 39.5 | 26.4 | 34.1 |
| 2015 | 38.6 | 26.6 | 34.8 |

数据来源：2015 年四川统计年鉴和 2015 年全国 1% 人口抽样调查资料。

发达国家和地区的经济发展已经证明，产业结构与就业结构的变动趋势较为一致。工业化发展的过程既是产业结构的比重优势由第一产业向第二产业再向第三产业演变的过程，同时也是劳动力资源在产业间的依次转移。

1995—2015 年四川省产业结构偏离度变化情况如图 3-13 所示。

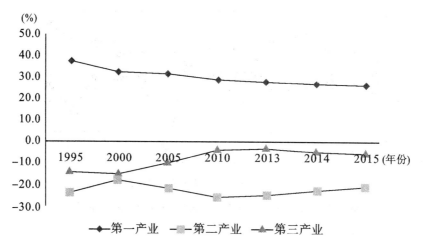

图 3-13　1995—2015 年四川省产业结构偏离度变化情况

资料来源：根据 2015 年四川统计年鉴和 2015 年全国 1% 人口抽样调查资料计算得出。

产业结构偏离度是某一产业的就业比重与增加值比重之差，是反映就业结构与增加值结构之间的不对称状态。偏离度越大，意味着就业结构与增加值结构不对称状态越严重；偏离度越接近于零，说明就业结构越合理。其一，四川第一产业结构偏离度远远大于零，即该产业的就业比重大于产业增加值比重，说明该产业劳动生产率较低，存在劳动力向其他产业转移的压力。改革开放以来，农村剩余劳动力加速向第二、三产业转移，就业结构逐步优化，但偏离度仍较大，就业结构与增加值结构不对称状态仍然比较严重，未来仍需进一步转移出大量剩余劳动力。其二，第二产业结构偏离度小于零，即该产业的就业比重小于产业增加值比重，劳动生产率较高，未来仍有进一步吸纳转移劳动力的潜力。其三，第三产业结构偏离度也小于零，同样存在着劳动力迁入的潜力。尽管第三产业就业结构与增加值结构的协调性较好，但是四川第三产业发展水平仍较低，远低于全国平均水平，其对劳动力的吸纳潜能没能得到充分发挥。

（三）劳动力供给趋势预测

1. 未来劳动力资源绝对量趋于减少

本书采用年龄移算法预测未来人口变动的趋势，基础数据来自 2015 年四川省 1% 人口抽样调查和 2010 年四川省人口普查资料。通过测算，未来十年四川劳动年龄人口将进一步减少，2016 年劳动力资源为 5 648 万人，到 2023 年将减少为 5 460 万人，其后略有回升，2025 年劳动力资源将为 5 523 万人。

2016—2025 年四川劳动年龄人口和经济活动人口预测情况如图 3-14 所示。

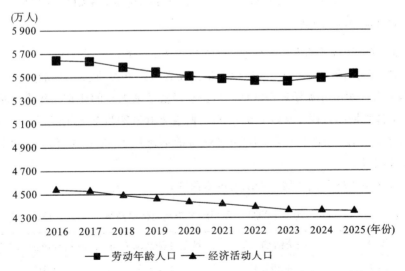

图 3-14　2016—2025 年四川劳动年龄人口和经济活动人口预测情况

数据来源：课题组预测。

## 2. 劳动力老化将进一步导致经济活动人口减少

2015年劳动年龄人口主要堆积在40~52岁,约占劳动年龄人口的37.2%,到2025年劳动年龄人口已经堆积到50~62岁,约占劳动年龄人口的35.9%,劳动力年龄金字塔顶部宽于底部。由于40岁以后的年龄别劳动参与率呈快速递减的特征,因此劳动力年龄结构重心上移将导致经济活动人口减少。2016年总经济活动人口为4 553万人,到2025年将减少为4 364万人。

2015年(左)和2025年(右)四川省劳动年龄人口金字塔图如图3-15所示。

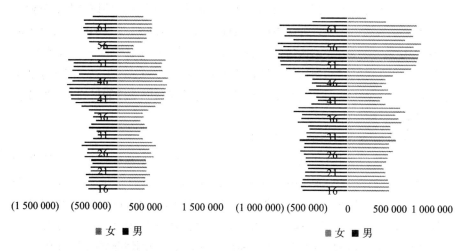

**图3-15　2015年(左)和2025年(右)四川省劳动年龄人口金字塔图**
数据来源:课题组预测。

## 3. 城镇经济活动人口继续增长,农村经济活动人口持续减少

从总经济活动人口中减去城镇经济活动人口,可得到农村经济活动人口。利用1978—2010年城镇经济活动人口占总经济活动人口的比重与年份变量拟合一元线性回归方程,参数为0.451%。假定2016—2025年城镇经济活动人口占总经济活动人口的比重在2015年35.5%的基础上每年增加0.451%,到2025年达40.9%。

2016—2025年四川城乡劳动力供给预测如表3-8所示。

表3-8　　　　　2016—2025年四川城乡劳动力供给预测　　　　　单位:万人

| 年份 | 经济活动人口 | 城镇经济活动人口 | 农村经济活动人口 |
|------|------------|----------------|----------------|
| 2016 | 4 553.4 | 1 641.1 | 2 912.3 |
| 2017 | 4 538.9 | 1 660.4 | 2 878.5 |

表3-8（续）

| 年份 | 经济活动人口 | 城镇经济活动人口 | 农村经济活动人口 |
|------|------|------|------|
| 2018 | 4 503.9 | 1 672.0 | 2 831.9 |
| 2019 | 4 472.4 | 1 684.5 | 2 787.9 |
| 2020 | 4 445.9 | 1 698.6 | 2 747.3 |
| 2021 | 4 427.7 | 1 715.6 | 2 712.1 |
| 2022 | 4 402.8 | 1 729.7 | 2 673.1 |
| 2023 | 4 372.8 | 1 741.6 | 2 631.2 |
| 2024 | 4 367.4 | 1 763.1 | 2 604.3 |
| 2025 | 4 364.2 | 1 785.4 | 2 578.8 |

数据来源：课题组预测。

2016—2025 年四川城乡劳动力供给大致呈反方向变动的趋势。城镇经济活动人口从 2016 年的 1 641.1 万人增长到 2025 年的 1 785.4 万人（根据所使用的预测方法，城镇经济活动人口中包括农村劳动力的省内转移），10 年净增 144.3 万人；农村经济活动人口从 2016 年的 2 912.3 万人逐年减少，到 2025 年为 2 578.8 万人，10 年净减少 333.5 万人。

（四）劳动力需求预测

1. 经济增长是影响劳动力需求的首要因素

经济增长与就业增长的关系一般用就业弹性系数来反映。就业弹性系数表示劳动力就业的增长率与经济增长率之间的比率，用生产总值每增长 1 个百分点带动的就业人数增长百分点来表示。根据《四川省国民经济和社会发展十三五规划纲要》对经济增长速度的目标设置，在"十三五"期间，四川省要提高经济发展的平衡性、包容性和可持续性，地区生产总值年均增长速度应保持在 7% 以上。基于此，本书假定四川 2016—2025 年的地区生产总值年均增长率为 7%~7.5%。未来若干年的就业弹性系数由经验数据得到。假设 $L$ 为就业数量，$\triangle L$ 为就业增加量，$Y$ 为地区生产总值，$\triangle Y$ 为 GDP 增加量，$GL$ 表示就业的增长速度，$GY$ 表示经济增长速度，那么，就业弹性用差分公式表示为：

$$E = (\triangle L / \triangle Y)(Y / L) = GL / GY$$

用差分法计算四川省 2001—2015 年的就业弹性，计算结果如图 3-16 所示。

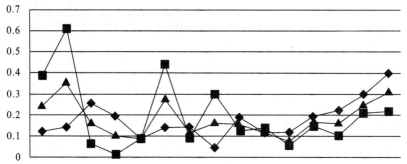

图 3-16　2001—2015 年四川就业弹性系数

数据来源：根据 2015 年四川统计年鉴计算而得。

2001—2015 年四川第二、三产业就业弹性系数的均值为 0.186，城镇就业弹性系数的均值为 0.176，农村第二、三产业就业弹性系数的均值为 0.199。

2. 城乡第二、三产业劳动力需求逐步放缓

在预测城乡第二、三产业劳动力需求时，首先需要假定经济增长率。由于目前四川经济增长主要由第二、三产业决定（占比将近 90%），因此未来经济增长率约等于第二、三产业的增长率。根据新常态下经济增长速度放缓的客观趋势和四川"十三五"规划预计的经济增长速度，我们将 2016—2020 年四川第二、三产业增速设为 7.5%，2020—2025 年第二、三产业增速设为 7%。假设 2016—2025 年的就业弹性系数仍保持在 0.186，可得到 2016—2025 年的全省城乡第二、三产业的就业人数。

2015—2025 年四川城乡第二、第三产业就业人数测算如图 3-17 所示。

2015 年城乡第二、三产业就业人数为 2 976.1 万人，到 2025 年增加到 3 402.7 万人，年均增长率为 14.3%，而 2001—2015 年城乡第二、三产业就业人数年均增长率为 3.7%，第二、三产业劳动力需求增长速度放缓。

3. 未来城镇还有新增就业的空间

在预测四川省城镇的经济生产总值时，由于城镇生产总值总量的主要贡献产业是第二、三产业，因此选择第二、第三产业总增加值代替城镇经济增加值。2000—2015 年城镇就业弹性系数的平均值为 0.176，假设 2016—2025 年的就业弹性系数仍保持为 0.176，进而可得到 2016—2025 年的全省城镇就业人数。未来 10 年四川城镇还可以净增大约 200 万个就业岗位，还有吸纳新增就业的空间。

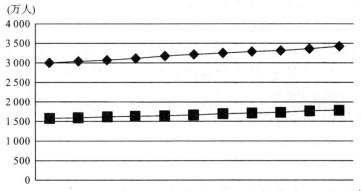

图 3-17　2015—2025 年四川城乡第二、第三产业就业人数测算

数据来源：本课题组预测。

4. 农业（农林牧渔业）劳动力需求估计

农业（农林牧渔业）劳动力需求采用刘纯彬的估算方法，即用主要农作物的播种面积除以每亩（1 亩 ≈ 666.67 平方米）作物生产所需的工日数，可以推算出农业生产实际所需劳动力数量。

第一步，根据《中华人民共和国劳动法》的规定，一年的标准工作量为 251 天，采用每个劳动力一年标准工作量计算当年特定生产面积下所需的劳动力数量。数学表达式为：

$$L_1 = \frac{1}{251}\left(\sum_i M_{ij}A_{ij}\right)$$

其中，$L_1$ 为种植业生产所必需的劳动力数量；$M$ 为每亩作物生产所需工日数；$A$ 为作物的播种面积；$i$、$j$ 分别是反映作物种类和时间（年份）的指标。

四川省种植业所需劳动力数量如表 3-9 所示。

表 3-9　　　　　　　　四川省种植业所需劳动力数量

| 类别 | 粮食 | 油料 | 棉花 | 蔬菜 | 合计 |
|---|---|---|---|---|---|
| 每亩用工数量（日） | 5.87 | 8.67 | 18.23 | 31.31 | 64.08 |
| 播种面积（千公顷） | 6 467.4 | 1 285.3 | 13.2 | 1 315.5 | 9 081.4 |
| 所需劳动力（万人） | 226.9 | 66.6 | 1.4 | 246.2 | 541.1 |

数据来源：2015 年四川农村统计年鉴、2014 年全国主要农产品成本收益简明资料。

第二步，估算林牧渔业生产所必需的劳动力数量。考虑到林业、畜牧业和渔业内部构成较为复杂，且相应的统计数据难以获取，因此，假设农林牧渔业劳动力配置遵循产出优化原理，然后在前面估算种植业所需劳动力数量的基础上，按照林牧渔业产值与种植业产值间的比例关系估计林牧渔业生产所需的劳动力数量。数学表达式为：

$$L_2 = L_1 \times (G_t - G_c)/G_c$$

其中，$L_2$ 为林牧渔业生产所需的劳动力数量；$G_t$ 表示农林牧渔业的总产值；$G_c$ 表示种植业的产值。

四川省林牧渔业所需劳动力数量如表 3-10 所示。

表 3-10 　　　　　　　　四川省林牧渔业所需劳动力数量

| 林牧渔业所需劳动力（万人） | 第一产业地区生产总值（亿元） | 种植业地区生产总值（亿元） | 种植业所需劳动力（万人） |
| --- | --- | --- | --- |
| 493.7 | 5 888.1 | 3 078.6 | 541.1 |

数据来源：根据 2015 年四川农村统计年鉴估算。

通过计算，可得到四川种植业需要劳动力 541.1 万人，林牧渔业需要劳动力 493.7 万人。

### 三、产业发展需求与劳动力供给之间存在的问题和矛盾

（一）四川将面临劳动力总量过剩与有效供给不足的矛盾

从中长期来看，四川劳动力供给过剩的现象即将改变。2012 年四川劳动年龄人口开始逐年下降，劳动力有效供给将持续减少。尽管进入新常态后经济增速放缓，但经济中高速增长对劳动力的需求依然强劲，创造的就业机会也比较多，这两方面的力量就使得劳动力供求关系与过去相比出现了根本性的变化。据预测，到 21 世纪 20 年代中期，城乡剩余劳动力将消耗殆尽，甚至可能在一定程度上出现劳动力短缺的情况。

2018—2025 年四川省城乡劳动力供求预测如表 3-11 所示。

表 3-11　　　　2018—2025 年四川省城乡劳动力供求预测　　　　单位：万人

| 年份 | 经济活动人口（实际或有效劳动力供给） | | | 分产业的劳动力需求 | | 城镇就业人员 | 剩余劳动力 | | |
|---|---|---|---|---|---|---|---|---|---|
| | 合计 | 城镇 | 农村 | 第一产业 | 第二、三产业 | | 总剩余 | 城镇 | 农村 |
| 2018 | 4 503.9 | 1 672 | 2 831.9 | 1 034.8 | 3 102.4 | 1 628.8 | 366.7 | 43.2 | 323.5 |
| 2019 | 4 472.4 | 1 684.5 | 2 787.9 | 1 034.8 | 3 145.7 | 1 650.3 | 291.9 | 34.2 | 257.7 |
| 2020 | 4 445.9 | 1 698.6 | 2 747.3 | 1 034.8 | 3 189.6 | 1 672.1 | 221.5 | 26.5 | 195 |
| 2021 | 4 427.7 | 1 715.6 | 2 712.1 | 1 034.8 | 3 231.1 | 1 692.7 | 161.8 | 22.9 | 138.9 |
| 2022 | 4 402.8 | 1 729.7 | 2 673.1 | 1 034.8 | 3 273.2 | 1 713.6 | 94.8 | 16.1 | 78.7 |
| 2023 | 4 372.8 | 1 741.6 | 2 631.2 | 1 034.8 | 3 315.8 | 1 734.7 | 22.2 | 6.9 | 15.3 |
| 2024 | 4 367.4 | 1 763.1 | 2 604.3 | 1 034.8 | 3 359 | 1 756.1 | −26.4 | 7 | −33.4 |
| 2025 | 4 364.2 | 1 785.4 | 2 578.8 | 1 034.8 | 3 402.7 | 1 777.7 | −73.3 | 7.7 | −81 |

数据来源：课题组预测。

　　劳动力的供求关系正在发生根本性变化，劳动力有效供给将逐步出现短缺。具体来讲，由于城镇化的推进，农村劳动力供给持续减少，在农业劳动力需求相对稳定的情况下，农村非农产业还有吸纳劳动力的一定空间。2016 年，城镇劳动力供给为 1 641.1 万人，需求为 1 586.7 万人，城镇富余劳动力为 54.4 万人；农村劳动力供给为 2 912.3 万人，需求为 2 465.7 万人，农村富余劳动力为 446.6 万人，农村剩余劳动力的绝对量还较大。"十三五"末期，城镇劳动力供给为 1 698.6 万人，需求为 1 672.1 万人，城镇富余劳动力为 26.5 万人；农村劳动力供给为 2 747.3 万人，需求为 2 552.3 万人，农村富余劳动力为 195 万人。2025 年城镇劳动力供给为 1 785.4 万人，需求为 1 777.7 万人，城镇富余劳动力为 7.7 万人；农村劳动力供给为 2 578.8 万人，需求为 2 659.8 万人，农村剩余劳动力转移即将殆尽。从劳动供需的态势和农村劳动力转移的实际情况来看，四川省劳动力供求关系已经从长期的无限供给转入有限输出，进入"刘易斯转折区间"。

　　（二）农村存在剩余劳动力需要继续转移和实际转移就业难的矛盾

　　正确测算农业中剩余劳动力数量并分析其变化趋势，是制定劳动力转移政策的重要依据。用现有农业劳动力数量减去农业实际劳动力数量，可以得出农村剩余劳动力数量，数学表达式为：

$$L_s = L_t - (L_1 + L_2)$$

其中，$L_s$ 表示农林牧渔业的剩余劳动力数量，$L_t$ 表示农林牧渔业劳动力总数。

2014 年四川省农业剩余劳动力估算情况如表 3-12 所示。

**表 3-12　　2014 年四川省农业剩余劳动力估算情况**

| 类别 | 人数（万人） |
|------|------|
| 农业就业人员 | 1 909 |
| 种植业劳动力 | 541.1 |
| 林牧渔业劳动力 | 493.7 |
| 农业剩余劳动力 | 874.2 |

数据来源：课题组估算。

（1）四川农业仍然存在剩余劳动力。根据表 3-12 可知，四川农林牧渔业的必需劳动力数量为 1 034.8 万人，目前全省农业（第一产业）就业人员数为 1 909 万人，因此，农业剩余劳动力还有 874.2 万人。这一口径实际上包括了大量没有劳动能力或劳动意愿的劳动年龄人口。根据本研究中对农村经济活动人口的估计，农业剩余劳动力的数量更少，即使将农村剩余劳动力全部视为在农林牧渔业就业的人员，目前农业剩余劳动力的规模也只有 500 万人左右。

（2）四川农村目前实际可转移的劳动力所剩无几。四川省农民工正从无限供给向有限供给转变，不再是取之不尽的蓄水池。经过 20 世纪 80 年代的就近转移、20 世纪 90 年代的省外转移输出、21 世纪以来外出就业和就近转移并行等几个阶段，目前大量农村劳动力已经进入非农产业就业，全省农村剩余劳动力绝大部分都在 45 岁以上。2014 年四川农村劳动力实名制登记入库信息显示，农村转移就业劳动力依然呈现年龄偏大、文化程度和技能水平偏低的特征，全省转移就业农村劳动力中，40～50 岁的占 34.7%，初中文化程度的占68.6%，具有某项职业资格证书的仅占 1.8%。2016 年四川省流动人口卫生计生服务流出的监测调查显示，目前留在农村的人口年龄集中在 40～54 岁。仍然留在农村的这部分剩余劳动力因年龄、文化、技能等因素，难以向第二、三产业转移就业，而且他们自身转移就业的意愿也不强烈，农村实际面临着无人可转出的局面。

农村劳动力的状况已经开始影响到农业生产。20 世纪 90 年代，进城务工的第一代农民工，他们农闲时进城打零工赚钱，农忙时回村下地干活，本质上还是地道的农民；而今的第二代农民工以城市生活为最终归宿，他们即使在城里挣不了钱，也不愿意回农村，与父辈相比，他们不愿种地，也不会种地。相比之下，这种人才的流失是永久性的，其影响更为深远，对农业发展的冲击更加严重。四川提出加快现代农业发展，推动种养加一体，推动第一、二、三产业融合发展，构建现代农业产业体系、生产体系、经营体系。然而，人是最核心的生产要素，没有年轻一代的农民，就难以实现农业新技术和农业现代化管理的推广，农业农村现代化将严重缺乏年轻人力资源的支撑。

（三）劳动力素质普遍偏低与产业转型升级需求不匹配的结构性矛盾越来越突出

劳动力素质与产业发展需求不匹配的结构性矛盾比较突出。四川劳动力供给总量过剩，但技能人才短缺，尤其是掌握高新技术的技能人才紧缺。例如2015年年底，仅成都就建成各类创新创业载体193家，全川孵化器的数量已达300家，其中过半孵化器、创业空间是在近一年半内出现的，但全省的劳动力受教育程度大部分仍集中在中低学历，这样的学历层次是无法支撑高新产业的发展的。

随着产业转型升级、经济结构调整的加速，四川企业用工结构性矛盾更加突出，呈现出结构性缺工与阶段性"用工荒"相互交织的现象，特别是高技能人才、专业技术人才、科研人才严重缺乏。人力资源市场供求信息显示，最近两年，45岁以上年龄的平均求人倍率低于0.8，无技术等级或技能的平均求人倍率不到1.0，而有技术等级或专项技能的求人倍率超过1.7，有的甚至接近3.0。抽样调查显示，当前各地园区企业缺工情况有所缓解，但企业对工作岗位提出技能要求的比例超过5成。目前，经济发展继续走依靠大量低素质廉价劳动力的老路行不通，而走创新驱动、转型升级的新路，人力资源素质又不能完全匹配。

供给侧结构性改革将劳动力资源的技能开发和利用摆在更加重要的位置。四川劳动力供给总量过剩，但技能人才短缺，尤其是掌握高新技术的技能人才紧缺。供给侧结构性要求增强劳动力供给结构对产业发展需求的适应性和灵活性，技能人才队伍作为产业大军的优秀代表和领军型群体，需要优先发展、重点发展，加快带动劳动力资源从数量规模型向质量效益型转变，为经济持续协调发展提供坚实支撑。

**四、对策建议**

（一）加大人力资源开发是劳动力供给侧改革的出发点和着力点

一是提升人力资源支撑产业发展的能力。要综合应对劳动年龄人口总量下降和结构老化趋势，不断提升基础性人力资源有效供给水平；建立劳动力市场供需预测机制，定期发布重点产业和新兴产业人才需求目录，引导就业驱动型和创业驱动型劳动力人口流入；完善政策指引，建立服务平台，鼓励和吸引大中专毕业生面向基层和中小微企业就业；加强对大龄劳动力、长期失业者等困难人员的就业援助和服务，提高就业技能和市场竞争力。

二是提升劳动力就业创业能力。要健全以用工单位为主体，各类职业院校为基础，职校培训、企业培养、政府推动、社会参与相结合的技能人才培养培训体系；开展职业院校与企业合作办学，建立职业院校和企业双主导的人才培养标准体系，推进职业技能培训市场化、行业化和社会化发展；围绕四川发展七大优势产业、五大战略性新兴产业、五大高端服务业，加强职业培训，实施高技能人才振兴计划，搭建蓝领培育基地平台，加快集聚创新技师人才，大力培养产业转型升级急需的中、高级技能人才和专业技术人才，推动更多劳动者在战略性新兴产业、传统优势产业和新兴先导型服务业等领域实现就业；转变职业培训思路，适应产业结构转型升级需要，推动职业培训以"4050"人员为主转向以青年初次就业群体为主，以初级工为主转向以接受了中高层次技能培训的人为主，以传统低端业态为主转向以高新技术产业、现代制造业和现代服务业为主；加快支持农业创客中心、电子商务孵化园、青年（大学生）创新创业服务中心、青年（大学生）现代农业创业园等一批创新创业载体发展需要的人才队伍培养，促进人才创业能力提升。

三是提升人才创新发展能力。要推动人才开发与产业发展、创新发展深度融合，培养聚集一批国家和全省战略重点领域、优势产业和新兴产业等急需的创新创业领军人才；推进海内外高层次人才的引进，加大"天府高端引智计划"等重大引才工程实施力度，鼓励高层次创新创业人才带团队、带技术、带项目、带资金来川投资兴业；加快集聚创新创业精英人才，依托海内外引智平台，创新柔性招才引智机制，大力引进创新型企业家、专业技术人员和管理人员；建立健全专家服务工作站，加强产业园区、重点（工程）实验室、工程技术（研究）中心、企业技术中心等载体和公共服务平台建设，引导各类高层次专业技术人才向企业集聚；鼓励和支持跨省市、跨地区以及在国外开展人力和智力的引进和交流活动，择优资助优秀专业技术人才接受国外技术培训。

（二）农村劳动力供给侧改革的方向是继续促进农村剩余劳动力有序转移

尽管农村所剩青壮年劳动力不多，但并不意味着农村没有劳动力转移的压力。为了继续促进农村剩余劳动力有序转移，应该探索将尚在农村而又存在转移困难的劳动者转移出来的新思路、新举措。

一是加快农村土地制度朝产权明晰、方便流转、适度规模方向改革，发挥市场配置资源的优势，从而让土地和劳动力等生产要素流动起来，向效益更好的产业集中。

二是结合省内新型城镇化建设、产业转移升级和新农村建设，引导农业富余劳动力就地就近就业和转移就业。

三是适应劳务输出形势新变化，将稳定农民工在城市就业作为工作的重心，促进流动人口和社会融合发展。

四是加大对农民工创业的扶持力度，在创业用地、资金、税收、信贷等方面给予大力支持，并在失业保险、就业专项资金中列支专项经费给予支持。

五是加快实现城乡就业和失业登记制度、劳动力市场、就业服务、社会保险等政策的统一，促使农民工平等就业、素质就业、稳定就业。

（三）高度重视"4050"劳动力资源的开发和利用

一是按照国家统一部署，在"十四五"期间实施延迟退休政策。为缓解即将到来的劳动力短缺问题和社会保障基金压力，推行渐进式延迟退休政策已是必然的事情，现阶段着手政策储备并在舆论方面进行宣传导向显得尤为紧迫。

二是引导企业树立正确的劳动用工观念，扩大用工范围。部分企业在招聘过程中由于强调年龄、文化程度等方面的限制条件，缩小了劳动力使用范围，造成人力资源浪费。政府应通过宣传引导，促使企业按照用工实际情况制定招聘标准，同时要引导企业善待大龄劳动力，通过提高其就业能力形成劳动力的可持续供给。

三是政府要积极帮扶"4050"就业困难群体，针对大龄劳动力的特点制订适当的培训计划。据调查，农村50岁以上的劳动力基本上常年在家从事农业生产，而50岁以下的劳动力主要"兼业式"地从事生产劳动，即农忙季节在家务农，农闲季节从事非农业工作。因此，对于50岁以下的农村劳动力，要主要对他们进行转移培训，而对于50岁以上的农村劳动力，要主要对他们进行现代农业技能培训。


# 第四节　从民间投资变动趋势看四川投资结构优化


民营经济是经济发展中最活跃的因素。当前四川民间投资增长乏力，成为四川经济发展的短板。深入研究民间投资的变动趋势及其影响因素，有利于在新常态下，优化投资结构，撬动更多的民间投资，为经济转型发展注入新的活力。

## 一、四川民间投资发展基本特征

（一）总体趋势：增速大幅回落，占比下降

（1）从增速来看，近年民间投资增速总体呈现大幅回落趋势，但近月民间投资增速小幅攀升。2011—2015年，四川民间投资增速分别为42.5%、24.7%、19.3%、14.8%和5.7%，2016年2月回落至近年来的最低点，同比仅增长1.8%。自2016年3月起，四川民间投资开始出现小幅回升态势，3~6月累计增长分别为3.7%、4.8%、5.2%、5.4%。

（2）从民间投资占全社会固定资产投资的比重来看，四川民间投资比重不断下降。2016年1~6月，四川民间投资占全社会固定资产投资比重为50.8%，为2013年以来的最低点。

2013—2016年四川民间投资增速变化图如图3-18所示。

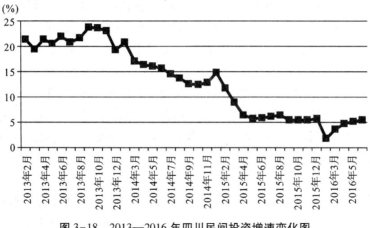

**图3-18　2013—2016年四川民间投资增速变化图**

（二）从行业来看：行业集中，部分行业民间投资增速开始回升

（1）民间投资主要集中在房地产业和制造业。2013年以来，房地产业和制造业占全省民间投资比重之和均超过70%。2016年1~6月，房地产业和制造业民间投资比例分别达35.9%和34.1%，农林牧渔业民间投资比重为6%，而其他行业民间投资比重均不足5%。

（2）制造业、房地产业等重点行业民间投资增速已出现回升。2013年以来，制造业、房地产业等重点行业民间投资增速基本稳定，今年以来已出现回升，1~2月分别从3.6%、4.4%回升至1~6月的10.3%、4.5%；信息软件、金融、卫生、教育、文化娱乐等行业民间投资增长较快，但规模有限，对全省民间投资增长的拉动作用小；批发零售、住宿餐饮、交通运输、科学研究和技术服务、公共管理、社会组织等行业民间投资增速大幅下滑。

（三）从市州来看：投资增速出现不同程度下滑，部分市州已回升

从市州情况来看，21个市州投资增速均出现不同程度的下滑，至2016年1~6月，攀枝花、遂宁、南充、宜宾、巴中、阿坝、甘孜、凉山8市州的民间投资仍为负增长；与2016年1~2月相比，成都、自贡等10个市州民间投资已出现回升，其中自贡、泸州、绵阳、广安、达州、甘孜6市州的民间投资回升幅度达10个百分点；成都、泸州、广元、广安、达州、雅安6市州的民间投资增速达10%以上。

### 二、四川民间投资增速回落的原因分析

#### （一）经济效益下滑影响民间投资意愿

在市场经济中，企业作为自主经营、自负盈亏的生产经营实体，其目标就是要追求利润最大化。民间投资与宏观经济走势基本一致，并对经济形势变化更为敏感。民间投资的理性高于整体经济理性，在经济下行压力下，民营企业经济效益不断下滑，影响民间投资对未来的预期和信心，民间投资动力不足。

2013—2016年四川民间投资与四川地区生产总值增速比较图如图3-19所示。

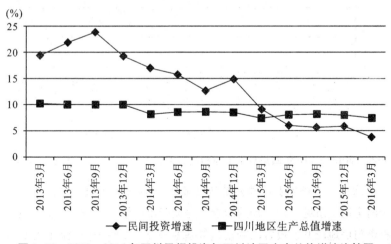

图3-19  2013—2016年四川民间投资与四川地区生产总值增速比较图

（1）工业经济效益下滑影响工业民间投资。从2012年开始，随着国际经济和国内宏观经济环境的不确定性因素的增多，工业企业面临市场下滑和生产成本高企双重压力，工业经济进入下行区间，工业企业经济效益持续下滑，使得工业投资增长乏力。工业民间投资与工业投资的变动趋势一致，且工业民间投资占工业投资的比重较大，对工业投资的贡献率较大，受工业经济效益下滑

的影响也较大。经测算，2015 年以来，工业民间投资与工业投资增速的相关系数高达 0.92，具有较强的相关性；2015 年，工业民间投资与工业投资的平均弹性系数为 1.0，工业投资每变动 1 个百分点，工业民间投资也变动 1 个百分点，工业民间投资与工业投资的变动趋势一致；2015 年，四川工业民间投资占工业投资的比重达 71.5%，对工业投资增长的贡献率高达 84.1%，但比 2013 年下降了 3.4 个百分点。可见，工业经济效益下滑是影响工业民间投资的主要因素。

2013—2016 年四川规上工业利润与工业投资、工业民间投资增速比较图如图 3-20 所示。

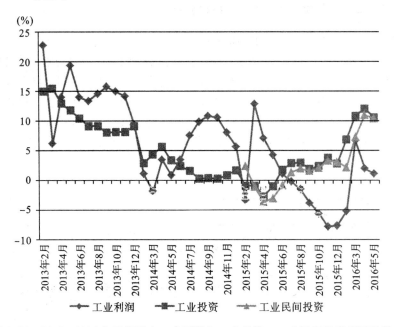

图 3-20　2013—2016 年四川规上工业利润与工业投资、工业民间投资增速比较图

（2）房地产市场效益不稳定影响房地产开发民间投资。受国内外经济形势和全国房地产市场宏观调控的影响，房地产市场效益不稳定，而房地产开发民间投资与房地产开发投资的变动趋势基本一致，受整个房地产市场效益不稳定的影响也较大。经测算，2013 年以来，房地产开发民间投资与房地产开发投资增速的相关系数高达 0.94，具有较强的相关性；房地产开发民间投资与房地产开发投资的平均弹性系数为 1.29，房地产开发投资每变动 1 个百分点，房地产开发民间投资变动 1.29 个百分点，房地产开发民间投资与房地产开发投资的变动趋势一致，且变动幅度更大；2015 年，四川房地产开发民间投资占房地产开发投资的比重达 85.8%，比 2013 年提高了 4.2 个百分点，对房地

产开发投资增长的贡献率高达 102.4%，比 2013 年下降了 11.3 个百分点。可见，房地产市场效益不稳定是影响房地产开发民间投资的主要因素。

2013—2016 年四川商品房销售面积与房地产开发投资、房地产开发民间投资增速比较图如图 3-21 所示。

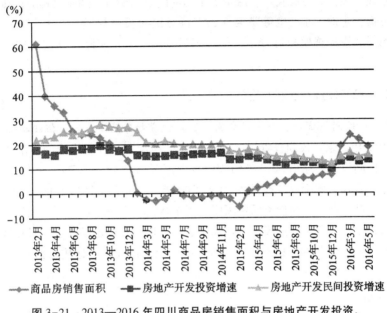

图 3-21　2013—2016 年四川商品房销售面积与房地产开发投资、
房地产开发民间投资增速比较图

（二）部分行业投资门槛高制约民间投资领域拓展

近年来，国家大力支持非公经济发展，采取了系列措施放宽市场准入，四川省也出台了《关于进一步鼓励和引导民间投资健康发展的实施意见》《关于创新重点领域投融资机制鼓励社会投资的实施意见》等系列政策措施，但实施效果不显著。从统计数据来看，民间投资领域仍主要集中在传统行业，制造业、批发零售业、住宿餐饮业、居民服务和其他服务业这 4 个行业的民间投资占本行业全社会固定资产投资的比重达 80% 以上，而电力、热力、燃气及水的生产和供应业，科学研究和技术服务业，教育等行业民间投资占本行业全社会固定资产投资的比重不足 30%，交通运输、仓储和邮政业，信息传输、软件和信息技术服务业，金融业，水利、环境和公共设施管理业这 4 个行业的民间投资占本行业全社会固定资产投资的比重不足 20%，这些行业民间投资准入门槛相对较高，对资金、技术、人才等要素要求相对较高，民间投资主体相对较少，对四川民间投资增长的影响力较弱。

（三）政策实施落实难度大，影响民间投资活力

四川民间投资主体多为中小企业，综合竞争力较弱，生存风险大，在争取政府支持上、市场竞争中往往处于弱势地位，民间投资活力不足。例如，在信贷支持方面，民间投资违约风险相对较高，金融支持往往更倾向于国有企业或大型企业，民营企业融资难、融资成本高的问题长期得不到有效解决；在要素支持方面，土地、水、电等要素资源支持对民间投资规模、技术等有一定要求，而民间投资规模相对较小，很难满足政府要求，实际得到支持的可能性较小。

### 三、民间投资发展基本趋势

（一）民间投资增速与全社会固定资产投资趋势基本一致，但波动幅度更大

2013 年以来，民间投资增速随着全社会固定资产投资增速的回落而不断回落，民间投资增速由 2013 年的 19.3%回落至 2015 年的 5.7%，回落 13.6 个百分点，全社会固定资产投资由 2013 年的 16.7%回落至 2015 年的 10.2%，回落 6.5 个百分点，民间投资回落幅度大于全社会固定资产投资回落幅度。2016 年以来，全社会固定资产投资增速高于去年，民间投资也呈现小幅回升趋势。

2013—2016 年四川民间投资与全社会固定资产投资增速比较图如图 3-22 所示。

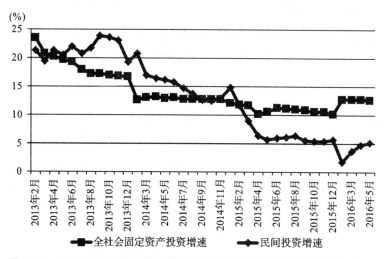

图 3-22　2013—2016 年四川民间投资与全社会固定资产投资增速比较图

（二）新常态下民间投资领域有所转变

进入新常态以来，随着产业不断转型升级，民间投资领域有所调整。2013—2015 年，民间投资占全社会固定资产投资比重提高的行业有批发和零

售业，制造业，信息传输、软件和信息技术服务业，房地产业等 10 个行业，其中批发和零售业、制造业分别上升 8.4、5.9 个百分点，而建筑业、采矿业、住宿和餐饮业等 9 个行业的民间投资比重有所下降，尤其是建筑业比重下降 32.9 个百分点。

2013—2015 年四川分行业民间投资占全社会固定资产投资比重变化如表 3-13 所示。

表 3-13　2013—2015 年四川分行业民间投资占全社会固定资产投资比重变化

单位:%

| 行业 | 2013 年 | 2015 年 | 2015—2013 年的变化（±） |
|---|---|---|---|
| 公共管理和社会组织 | 8.4 | 20.5 | 12.1 |
| 批发和零售业 | 75.5 | 83.9 | 8.4 |
| 制造业 | 82.1 | 88 | 5.9 |
| 卫生和社会工作 | 27.1 | 31.9 | 4.8 |
| 信息传输、软件和信息技术服务业 | 12.8 | 16.8 | 4 |
| 房地产业（包括房地产开发） | 64.2 | 65.8 | 1.6 |
| 科学研究和技术服务业 | 24 | 24.9 | 0.9 |
| 农、林、牧、渔业 | 74.7 | 75.1 | 0.4 |
| 交通运输、仓储和邮政业 | 16.8 | 17 | 0.2 |
| 电力、热力、燃气及水的生产和供应业 | 23.2 | 23.3 | 0.1 |
| 居民服务和其他服务业 | 89.3 | 85.9 | -3.4 |
| 文化、体育和娱乐业 | 55.2 | 51.1 | -4.1 |
| 水利、环境和公共设施管理业 | 22.8 | 18.6 | -4.2 |
| 住宿和餐饮业 | 89.3 | 85.1 | -4.2 |
| 金融业 | 22.2 | 16.7 | -5.5 |
| 采矿业 | 61.2 | 53.7 | -7.5 |
| 教育 | 33.8 | 24.8 | -9 |
| 租赁和商务服务业 | 75.3 | 59.6 | -15.7 |
| 建筑业 | 84 | 51.1 | -32.9 |

## 四、促进民间投资增长的路径选择

（一）稳定经济发展，增强民间投资信心

民间投资发展趋势与全社会固定资产投资、经济发展趋势基本一致，经济平稳增长有助于稳定全社会固定资产投资和民间投资。因此，稳定民间投资，从短期来看，需稳定固定资产投资，从长期来看，需加快推进供给侧结构性改革，降低民间投资成本，扩大民间投资领域，增强宏观政策的连续性和稳定性。

（二）提高投资回报率，激发民间投资动力

民间投资集中在传统行业，面临较大的转型升级压力。对于当前经营较为困难的民营企业，应加强调研，了解民营企业实际困难，加大对民营企业贷款、税收等方面的支持力度，降低民营企业经营成本，提升民营企业经济效益，帮助民营企业渡过难关。同时，要加大对实体经济、中小微企业的投资力度，引导民营企业拓宽投资领域，增强民间投资回报率，提振民间投资信心。

（三）以PPP为突破口，激发民间投资潜力

建议进一步放宽民间资本市场准入的政策限制，破除金融、电力、卫生、教育等领域对民间投资的不合理限制。加快推进混合所有制改革，大力推进PPP模式，有效解决PPP项目实施中的问题，鼓励民间资本参与重点领域建设。正确引导民间投资方向，根据四川资源优势和产业优势，政府选择合适项目引导民间投资参与，政府给予土地、原材料、人才等方面的支持，在项目完成投产经营后，政府资本有序退出，将经营权给予民营企业。

（四）完善政府支持体系，激发民间投资活力

建议进一步清理工商、银行等部门民间投资政策措施，加强和改善政府管理服务，解决政策落实中不作为、乱作为的问题，破除隐形壁垒，营造公平、公正的政策环境。金融机构应创新融资方式和融资手段，建立完善科学合理的绩效考核体系、担保体系和风险评估体系，降低民营企业投融资成本。发改委、工商等行政审批部门应进一步梳理行政审批事项，简化下放审批权限，清理相关费用，降低民营企业生产经营的制度性成本。国土、科技等要素支持部门应同等对待民营企业，在土地、水、电、气、技术、市场信息、人才培训等方面降低扶持条件，降低民营企业生产成本。

| 行业 | 2013 年 | 2014 年 | 2015 年 | 2016 年 1~2 月 | 2016 年 1~3 月 | 2016 年 1~4 月 | 2016 年 1~5 月 | 2016 年 1~6 月 |
|---|---|---|---|---|---|---|---|---|
| 民间投资 | 19.3 | 14.8 | 5.7 | 1.8 | 3.7 | 4.8 | 5.2 | 5.4 |
| (一)农、林、牧、渔业 | 18.1 | 13.0 | 33.5 | 15.2 | 13.7 | 11.1 | 8.5 | 19.7 |
| (二)采矿业 | -5.9 | -5.2 | -10.9 | -22.7 | -2.1 | 5.7 | -1.6 | -6.2 |
| (三)制造业 | 12.9 | 8.0 | 3.7 | 3.6 | 8.3 | 11.9 | 11.7 | 10.3 |
| (四)电力、热力、燃气及水的生产和供应业 | 26.0 | -4.5 | 12.3 | 6.4 | 2.2 | 2.6 | 3.0 | 4.3 |
| (五)建筑业 | 13.5 | -6.2 | 24.8 | 55.6 | -28.3 | 1.7 | 5.4 | 14.5 |
| (六)批发和零售业 | 37.6 | 38.2 | -4.6 | -36.8 | -30.8 | -24.8 | -26.2 | -24.3 |
| (七)交通运输、仓储和邮政业 | 10.3 | 37.0 | -5.8 | -1.8 | -20.8 | -18.2 | -16.1 | -14.5 |
| (八)住宿和餐饮业 | 43.8 | 9.5 | 4.1 | -17.7 | -15.1 | -18.8 | -16.2 | -22.3 |
| (九)信息传输、软件和信息技术服务业 | 5.6 | 1.6 | 224.7 | 262.7 | 166.6 | 137.7 | 130.1 | 113.4 |
| (十)金融业 | -17.1 | -47.0 | -48.3 | 125.4 | 146.1 | 38.9 | 131.6 | 138.9 |
| (十一)房地产业(包括房地产开发) | 27.6 | 18.8 | 7.6 | 4.4 | 5.9 | 4.3 | 5.4 | 4.5 |
| (十二)租赁和商务服务业 | 27.5 | 50.5 | 5.8 | 53.0 | 22.9 | 9.6 | 17.6 | 24.6 |
| (十三)科学研究和技术服务业 | -72.4 | 138.9 | 66.8 | 65.3 | 12.3 | 4.0 | -6.4 | -1.3 |
| (十四)水利、环境和公共设施管理业 | 26.5 | 35.1 | -7.7 | -19.9 | -11.4 | -6.6 | -1.5 | 1.3 |
| (十五)居民服务和其他服务业 | -6.8 | 7.6 | 12.3 | 2.7 | -1.2 | -7.6 | -9.4 | 3.1 |
| (十六)教育 | 76.2 | 13.3 | -1.0 | 5.0 | 20.7 | 17.1 | 22.1 | 28.5 |
| (十七)卫生和社会工作 | 29.1 | 40.9 | 47.6 | 89.3 | 65.4 | 64.4 | 69.2 | 56.2 |
| (十八)文化、体育和娱乐业 | 27.2 | -18.7 | 17.0 | -27.0 | -2.4 | 5.2 | 20.9 | 21.7 |
| (十九)公共管理和社会组织 | -14.0 | 72.2 | 27.6 | 19.5 | -3.5 | -12.7 | -27.7 | -24.2 |
| (二十)国际组织 | | | | | | | | |

附表 3-2　　　2013—2016 年四川分市州民间投资增长情况　　　单位:%

| 地区 | 2013 年 | 2014 年 | 2015 年 | 2016 年 1~2 月 | 2016 年 1~3 月 | 2016 年 1~4 月 | 2016 年 1~5 月 | 2016 年 1~6 月 |
|------|---------|---------|---------|---------------|---------------|---------------|---------------|---------------|
| 成都市 | 16.9 | 2.5 | 4.8 | 7.9 | 7.7 | 8.8 | 11.9 | 11.5 |
| 自贡市 | 16.9 | 20.1 | -4.6 | -8.8 | -2.1 | 4.6 | 8.0 | 2.9 |
| 攀枝花市 | 3.7 | 12.2 | -5.5 | 0.0 | -9.0 | -16.5 | -11.5 | -5.3 |
| 泸州市 | 38.6 | 31.4 | 12.1 | 6.1 | 8.2 | 10.7 | 9.9 | 18.9 |
| 德阳市 | 31.4 | 9.7 | 9.4 | 11.9 | 14.6 | 12.7 | 8.8 | 7.0 |
| 绵阳市 | 10.8 | 15.7 | 9.0 | -10.8 | 7.3 | 7.6 | 8.6 | 5.8 |
| 广元市 | 3.0 | 3.1 | 2.7 | 14.3 | 17.1 | 14.1 | 14.8 | 13.1 |
| 遂宁市 | 23.0 | 14.1 | 7.3 | -5.6 | -6.1 | -2.6 | -6.0 | -7.8 |
| 内江市 | 14.4 | 17.1 | 8.8 | 1.1 | 4.3 | 4.3 | 6.4 | 4.9 |
| 乐山市 | 18.4 | 15.9 | 10.2 | -6.7 | -0.1 | -0.1 | -0.8 | 0.4 |
| 南充市 | 10.1 | 27.0 | -10.7 | -10.5 | -8.3 | -7.7 | -11.0 | -8.2 |
| 眉山市 | 24.7 | 17.9 | 4.6 | 7.2 | 10.4 | 5.8 | 10.4 | 6.7 |
| 宜宾市 | 15.3 | 34.1 | 10.4 | -6.6 | -14.2 | -12.8 | -9.7 | -7.6 |
| 广安市 | 31.8 | 42.3 | 9.2 | -4.2 | 2.6 | 7.9 | 5.2 | 10.4 |
| 达州市 | 10.8 | 13.1 | 2.5 | -2.1 | 1.5 | 4.4 | 8.7 | 13.1 |
| 雅安市 | 6.7 | 8.3 | -21.1 | 57.0 | 40.6 | 32.7 | 27.7 | 33.5 |
| 巴中市 | 72.7 | 70.1 | 26.5 | -0.8 | 1.3 | -2.4 | -5.6 | -7.4 |
| 资阳市 | 38.7 | 27.2 | 10.2 | 7.0 | 11.7 | 13.6 | 9.3 | 2.9 |
| 阿坝州 | 3.6 | -18.0 | -7.9 | 40.0 | 17.3 | 11.4 | 5.4 | -0.1 |
| 甘孜州 | 33.5 | 5.2 | -3.6 | -41.5 | -39.3 | -36.9 | -30.9 | -26.8 |
| 凉山州 | 16.6 | 1.5 | 21.4 | -5.4 | -9.5 | -6.2 | -4.2 | -10.2 |

# 第五节　从居民消费变动趋势看四川供给侧结构性改革

供给侧结构性改革是适应新常态、促进经济转型发展的国家战略，也是四川经济转型发展的现实选择，而推进供给侧结构性改革的一个重要的前提条件和有效途径，就是适度扩大有效需求，深入挖掘居民消费升级形成的新消费市场，进而扩大有效供给。

## 一、四川居民消费变动趋势

（一）生活消费水平由小康向相对富裕转变

2013—2015 年，四川城镇居民恩格尔系数由 34.88% 增加至 35.2%，农村居民恩格尔系数由 40.03% 下降至 39.1%。根据联合国的划分，四川居民生活消费水平正从总体小康向相对富裕迈进，主要表现为以下两点：

一是食品、衣着和居住类消费支出比例不断下降。食品、衣着和居住类消费支出比例分别由 2013 年的 36.86%、8.2% 和 18.67% 下降至 2015 年的 36.69%、7.86% 和 17.61%

二是交通通信、医疗保健等消费支出比例不断提升。交通通信、医疗保健等消费支出比例分别由 2013 年的 11.05%、7.32% 提高到 2015 年的 11.95%、7.86%。

（二）消费品质由中低端向中高端转变

随着生活水平的提高，居民的衣、食、住、行全面升级，生活品质不断提升。

一是从"衣"来看，居民对服装的追求从经济实惠向品牌化、时尚化、高档化方向转变。四川省服装（服饰）行业协会数据显示，近年来，注重技术含量和产品品质的企业年产量和销售收入增幅均在 30%～50%。

二是从"食"来看，高蛋白食品消费增加。2015 年四川农村居民人均消费猪肉、禽类和蛋类分别比 2013 年增长 23.7%、32.4% 和 49.4%。

三是从"住"来看，居民住房条件明显改善。2015 年，四川城镇居民人均住房面积达 36.75 平方米，农村居民人均使用住房面积达 47.13 平方米，均高于全国平均水平。

四是从"行"来看，家用汽车拥有量大幅增加。2015 年，城镇每百户家庭拥有汽车 23.84 辆，农村每百户家庭拥有汽车 8.56 辆。2015 年，汽车类商品销售量增长 6.3%，汽车及石油类商品零售额占全省社消零的比重达 20.6%。

五是从"用"来看，智能家电、户外装备、健身器材、智能手机、可穿戴设备等升级型商品热销。2015 年，四川体育娱乐用品、通信器材、中西药品商品销售分别增长 59.3%、28.5%、17.3%。四川省商务厅监测的 40 家重点流通企业中，智能电视、平板电脑销售量同比分别增长 16.7%、21.6%。

（三）消费形态由实物需求向服务需求转变

随着生活水平的提高，居民消费形态从单一生活物质需求向多样化服务需求转变，信息、旅游、娱乐等满足精神生活需求的服务消费成为新的消费增长点。微信、微博、网络红包、移动支付等信息消费普及。乡村游、自驾游、跨境游等旅游消费红火。2015 年，全省实现旅游总收入 6 210.5 亿元，同比增长 27%。成都环球中心海洋乐园暑假期间周末平均人流量高达 20 万人次。热门影片票房屡创新高，博物馆、图书馆、书店、画展、艺术节等人气攀升。

（四）消费方式由线下向线下线上融合转变

"互联网+"带动了电子商务的高速发展，正在颠覆传统的消费模式。2015 年，四川限额以上批发和零售企业（单位）通过互联网实现商品零售额 333.1 亿元，增长 78.7%，拉动社会消费品零售总额增长 1.2 个百分点，增长贡献率达 9.9%。餐饮业借力团购、外卖等 O2O 平台实现线上引流线下消费，2015 年，全省餐饮收入同比增长 12.3%，高于社会消费品零售总额增速 0.3 个百分点。

（五）消费行为由模仿型排浪式消费向个性化多样化消费转变

个性定制的服装鞋帽、个性商品、定制公交、旅游等满足个性化时尚消费的需求成为消费新亮点；美容美发、家政、物业、洗车等居民服务成为新的消费必需品；空气净化器、净水器、节能节水器具等绿色家电，无甲醛、零污染的绿色建材等绿色产品成为消费新热点。省商务厅监测数据显示，2015 年 12 月，全省对开门冰箱、一级能耗空调、4G 手机销售量同比分别增长 12.8%、28%、22.8%。

## 二、多因素发力推动四川居民消费需求升级

一是四川人口规模大。四川是人口大省，常住人口居全国第 4 位，户籍人口居全国第 3 位，与世界排在第 17 位国家的人口规模基本相当，比英国、法国等欧洲国家人口规模还大，本身就是一个巨大的消费市场。

二是市场购买力强。2015 年，四川个人储蓄存款余额达 2.9 万亿元，约占全国的 5.2%，人均储蓄达 3.5 万元，表明四川居民具有较大的市场购买潜

力。近年来，四川出境消费和出境旅游消费急速增长，这也表明四川居民购买力强。

三是城镇化快速推进。四川是农业大省，户籍人口城镇化率比常住人口城镇化率低约 17 个百分点，在新型城镇化发展的质和量上均有较大的提升空间。城镇化发展不仅使城镇消费群体扩大，还将提高资源配置效率，促进消费结构不断升级，消费发展潜力大。

四是创新经济快速发展。互联网技术的推广和普及，使得通信、交通、零售等消费领域的新业态层出不穷，"互联网+"医疗、"互联网+"教育等服务消费不断创新。

五是居民收入稳步提升。收入增长是消费升级的基础。2015 年，四川全体居民人均可支配收入为 17 221 元，比上年增长 9.3%，其中全年城镇居民人均可支配收入为 26 205 元，比上年增长 8.1%；全年农村居民人均可支配收入为 10 247 元，比上年增长 9.6%，均高于地区生产总值增速。

### 三、供给侧问题制约四川居民消费需求升级

（一）满足居民基本生活需求的产品有效供给不足

第一，满足居民消费基本生活需求的轻工业发展不足。除酒业全国市场占有率较高外，四川农副产品制造业、食品加工业等产业市场占有率不高。

第二，轻工业产品质量不能满足居民对消费品质的需求。除酒类产品外，四川本地企业产品多为中端或中低端产品，品牌知名度不高，产品品质不能满足居民消费需求。2015 年中国食品百强企业中，四川占据 5 席，但均为酒和饮料类企业；中国服装行业百强企业中，四川占据 4 席，且排名相对靠后。

（二）满足居民多样化服务需求的有效供给不足

第一，医疗、养老、健康等服务消费供给不足。四川是全国人口老龄化程度最严重的省份之一，但医疗卫生资源投入不足，养老服务和产品供给不足。《四川省养老与健康服务业发展规划（2015—2020）》指出，四川人均卫生总费用仅为全国平均水平的 84%，每千人常住人口公共卫生人员数和执业护士数分别低于全国平均水平 11 个和 5 个百分点，每千名老人拥有床位数也低于全国平均水平。

第二，教育文化、娱乐、旅游等服务消费供给不足。主要表现在：教育文化资源分布不均，优质资源过度集中，幼儿照护、学前教育和职业教育发展不足；旅游资源集中，旅游配套设施建设不足，旅游商品和装备制造能力不足。

（三）满足居民消费升级的产业转型滞后

与需求侧的"互联网+"产业相比，供给侧的"互联网+"产业的融合发

展相对滞后，也相对困难。"互联网+"产业的融合将贯穿企业生产经营活动的整个过程，在设计、研发、生产和流通各领域实现互联网的应用和渗透，重构企业组织架构，改变企业运营管理方式与服务模式。"互联网+"产业的融合发展较为复杂，很难实现互联网在消费领域的单点突破，对企业基础设施、技术、资金、人员和组织等的要求极高，因此，其往往滞后于消费模式的创新发展。

（四）满足居民消费升级的消费环境欠佳

目前，我国产品质量监管体系特别是质量法律法规和监管制度还不够完善，质量技术基础与发达国家相比还比较低，社会诚信体系还不健全，产品质量总体不高，假冒伪劣产品较多，消费环境欠佳。同时，网络交易监管体系未建立，网络欺诈、虚假宣传等现象突出，居民网络消费环境也较差。

**四、推进供给侧改革，促进四川居民消费升级**

根据上文分析出的制约四川居民消费升级的四个方面，有针对地提出推进供给侧结构性改革的思路：

一是扶持发展优势产业。①应加大对四川农副产品加工业、食品加工业、纺织服装业等轻工业的扶持力度，发展附加值高的农产品加工市场，满足居民基本生活需求。②要加快构建以金融服务、信息服务、科技服务、商务服务、流通服务为主的生产性服务体系，推动"互联网+传统产业"的发展。③做大、做强四川本土知名品牌。传承和发展蜀锦、蜀绣、羌绣等四川特色工艺，发展川酒、川茶、川烟、川木等四川优势名品，以市场为导向，完善产品产业链，着力满足多层次市场消费需求，提高自主品牌知名度，做大市场规模。

二是实现更高水平的供需平衡。①应全面提高产品质量。要对四川消费品生产市场进行全面摸底调查，淘汰工艺落后、产品质量低的落后产能，鼓励发展高端产能，生产高质量消费品。②应适应居民消费需求的变化。随着农业转移人口市民化和全面二孩政策的实施，住房需求将发生较大变化，可通过改变住房结构、降价等方式化解房地产库存。③鼓励开发多样化、个性化、时尚化的消费产品，扩大居民对文化、体育、旅游、健康、养老等的消费需求。④应增加公共产品供给，更好满足社会需求。园林绿化建设、文化艺术场馆、体育健身设施、居民休闲娱乐、停车场、养老健康等公共服务设施还严重不足，特别是农村地区基础设施和公共产品极其匮乏。

三是营造宽松的政策环境。①要引导和支持企业应用数字化、信息化、自动化进行技术改造，优化生产流程，建立现代化企业组织，推动企业转型升级和发展模式创新。②整合资源，建立完善技术服务、资金服务、信息服务等公共服务平台，促进资源有效集约配置，降低企业生产经营成本。③通过税收、信贷、综合性金融创新等政策支持，建立财政支持基金，降低中小微企业融资成本，解决企业资金问题。

四是优化消费环境。①应加快建立健全质量管理体系，实施更严格的质量标准和监管措施，取消免检制度，严格执行产品准入制度，严格执行原料进货检查验收、生产过程控制、出厂检验等制度，切实保证产品质量安全。②应加快完善企业信用信息共享平台，营造公平竞争环境。③应加大对假冒伪劣、虚假宣传、网络欺诈等行为的惩罚力度，维护消费者的合法权益。

# 第六节　从区域发展新特征看四川区域结构优化

当前国际、国内形势正发生着巨大的转变，过去国内的高速增长态势已经发生逆转。同时，长江经济带、京津冀等新区域战略陆续出炉。国内区域经济格局正伴随着产业结构、收入结构、要素结构等的转变而呈现新的特点。四川作为西部大省，要在这一新格局中明确自身定位，顺应发展趋势，积极调整发展方向，才能在一系列要素、资源、产业、政策等的改革中获取更多红利，实现再一次腾飞。

## 一、四川在全国区域经济发展格局中的定位

### （一）全国区域经济发展新格局

2013 年以前，国内经济整体运行在高速通道内，西部各省（市）有赖于西部大开发等政策优势和自身资源环境等优势，实现了高于东部各省的增长。随着全国整体宏观经济发展环境的转变和区域发展新战略的提出与实施，全国区域经济发展新格局开始形成。伴随着 2013 年经济增速的整体回落，产业结构转型红利开始显现，产业链下游行业对经济的带动作用加强，已率先实施和完成产业结构转型的东部大省经济增速回落幅度较小，东中部地区实现重新崛起。

1. 东部重新崛起

东部地区生产总值占全国生产总值的比重由降转升。2010 年以来，东部地区生产总值比重持续下滑，由 2010 年的 53.1% 回落至 2013 年的 51.2% 之后企稳回升，2015 年比 2014 年回升 0.3 个百分点。

东部大省经济增速回落幅度较小，且开始小幅回升。2015 年，全国有 5 个省（市）的生产总值增速比 2013 年回落在 1 个百分点以内，其中有 4 个省（市）属于东部，分别是浙江、广东、上海、北京，其增速分别回落 0.2、0.5、0.8、0.8 个百分点。同时，浙江、广东和江苏 3 省经济发展较快，2013—2015 年生产总值增速居全国位次上升最多，分别上升了 10 位、8 位和 7 位。

2. 东北局部塌陷

东北地区生产总值占全国生产总值的比重回落明显。从 2012 年起，东北地区生产总值占全国生产总值的比重开始下滑，由 2012 年的 8.8%下滑到 2015 年的 8.0%，3 年下降了 0.8 个百分点。

部分省份增速下滑明显。辽宁、吉林、黑龙江 3 省生产总值增速均大幅下滑。2012—2015 年，辽宁省生产总值增速由 9.5%下滑至 3.0%，吉林由 12%下滑至 6.5%，黑龙江由 10%下滑至 5.7%。

3. 中部实现振兴

中部地区生产总值占全国生产总值的比重持续上升。中部地区生产总值占全国生产总值的比重由 2010 年的 19.7%持续上升至 2015 年的 20.3%，上升 0.6 个百分点。其中，江西、河南经济发展较快，地区生产总值增速居全国位次均上升 8 位。

4. 西部有待提升

西部地区生产总值占全国生产总值的比重略有回落。2010—2014 年，西部地区生产总值占全国生产总值的比重持续上升，由 18.6%上升至 20.2%，但由 2013 年始每年上升幅度收窄，且 2015 年比重出现回落，生产总值比重回落 0.1 个百分点。其中，2013—2015 年陕西生产总值增速由居全国第 6 位下降到第 17 位，位次下降 11 位，在西部乃至全国均是下降位次最多的。

2010—2015 年全国四大区域生产总值比重如表 3-14 所示。

表 3-14　　　　2010—2015 年全国四大区域生产总值比重　　　　单位:%

| 地区 | 2010 年 | 2011 年 | 2012 年 | 2013 年 | 2014 年 | 2015 年 |
|---|---|---|---|---|---|---|
| 东部地区 | 53.1 | 52.0 | 51.3 | 51.2 | 51.2 | 51.5 |
| 东北地区 | 8.6 | 8.7 | 8.8 | 8.6 | 8.4 | 8.0 |
| 中部地区 | 19.7 | 20.0 | 20.2 | 20.2 | 20.3 | 20.3 |
| 西部地区 | 18.6 | 19.2 | 19.8 | 20.0 | 20.2 | 20.1 |

（二）区域新格局中的启示

对全国区域经济发展呈现出的这一新格局进行考察，可以发现其中的规律性影响因素，这对四川经济未来发展方向具有一定启示意义。

1. 资源类重工业对经济发展的支撑明显减弱

在本轮的经济下滑中，东北局部塌陷的主要原因在于其重工业经济增速回落幅度明显大于其他省份，经济结构转型压力较大。2013年以来，地区生产总值增速回落幅度位居全国前5位的是山西、辽宁、云南、天津、陕西，分别下降5.8、5.7、3.4、3.2、3个百分点，5省（市）重工业增加值比重分别为93.3%、79.5%、68.7%、79.1%、78.7%。

资源类重工业处于工业产业链上游，产品附加值相对较低，更容易受到当前资源类产品产能过剩、国际市场价格走低、国内产业结构转型等不利因素的影响，造成工业增速较大幅度下滑，从而带动地区生产总值增速的整体断崖式下滑。山西省生产总值增速由2013年的8.9%回落至2015年的3.1%，辽宁省生产总值增速由8.7%回落至3%。

四川重工业比重与山西、辽宁等省份相比虽然相对较低，但也达到66.3%，仅比云南高14个百分点。而作为传统资源大省，四川资源类产业在经济中占有较为重要的地位。因此，要在本轮经济周期低谷中实现重新复苏与繁荣，就要尽快脱离经济发展对资源的依赖，更快走上经济转型升级的道路。

2015年部分省市轻重工业比重如表3-15所示。

表3-15　　　　　　　2015年部分省市轻重工业比重　　　　　单位:%

| 地区 | 重工业比重 | 轻工业比重 |
| --- | --- | --- |
| 山西 | 92.6 | 7.3 |
| 辽宁 | 79.9 | 20.1 |
| 天津 | 77.3 | 22.7 |
| 陕西 | 81.2 | 18.8 |
| 云南 | 52.3 | 47.7 |
| 四川 | 66.3 | 33.7 |

注：限于各省统计指标差异，辽宁、陕西、天津、云南、四川五省（市）轻重工业比重为总产值比重，山西轻重工业比重为增加值比重。

2. 新兴产业引领经济增长

新兴产业发展与壮大为经济增长注入活力。在本轮经济下滑中，河南经济增速排名在全国的位次有较大幅度提升，由2013年的第21位上升到2015年的第13位，原因主要在于其在以手机为代表的新兴产业进出口中独占鳌头，实现手机出口额1 639.4亿元，占出口额的61.1%。河南在全国外贸进出口同比下降7%的大环境下实现了逆势上扬，实现进出口总额4 600.2亿元，增长15.3%。

成都作为国家确立的全面创新改革试验区和国家自主创新示范区，"双创"活动开展活跃。四川先后出台了《四川省人民政府关于全面推进大众创业万众创新的意见》《激励科技人员创新创业专项改革试点的意见》《培育企业创新主体专项改革方案》等多项政策，引导人才和技术等高级生产要素流动与集聚，为新兴产业发展奠定基础。

3. 产业结构调整适应经济发展阶段

按照国际标准，人均生产总值在3 000~12 000美元最易进入中等收入陷阱。目前，仅有东部的天津、北京、上海、江苏、浙江5省（市）人均生产总值超12 000美元，跨过中等收入陷阱。在本轮经济增速回落中，除重工业比重较大的天津市经济增速回落幅度较大外，其余4省（市）经济发展相对平稳，地区生产总值增速回落幅度相对较小。

2015年四川人均生产总值为36 836元，北京、江苏、上海和浙江四省（市）分别在2003年、2007年、2007年和2002年达到相近水平。在人均生产总值达到这一水平后，4省（市）均明显呈现出第二产业比重逐步下降、第三产业比重逐步上升的特点，产业结构调整态势显著。4省（市）先于其他省份进入转型期，在2008年世界金融危机经济增速换挡期加快了高端制造业和服务业的发展，产业结构对经济发展的带动作用凸显，发展相对平稳。

四省（市）第二、第三产业比重分别如图3-23、图3-24所示。

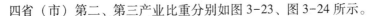

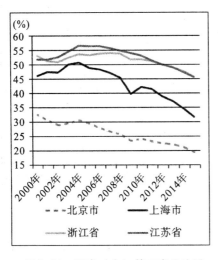

图3-23　四省（市）第二产业比重

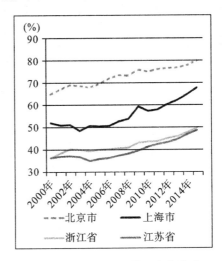

图3-24　四省（市）第三产业比重

（三）四川定位"西部的东部"

全国经济发展新格局呈现出显著的"产业结构先升级，经济发展先回稳"的特点。四川是西部传统大省，经济总量、经济增速等均领跑于西部其他省份，在本轮经济周期中更应该借鉴先行有复苏态势的东部省份经验，在区域新格局中形成"西部的东部"定位。

1. 西部大省地位不动摇

2015年四川省地区生产总值总量达到30 103.1亿元，进入"三万亿俱乐部"，在全国排名第6位，在西部排名第1位，经济规模较大；三次产业比重为12.2∶47.5∶40.3，经济发展阶段已达到工业化中期的后半阶段，正处于从工业化中期向后期迈进的重要时期。

2. 产业转型升级高地

东部省份在区域发展新格局中实现的又一次崛起，是以其率先进行产业结构转型升级，逐步摆脱较为单一的资源束缚，在经济中引入更高级生产要素，在"十一五"后期和"十二五"中后期以低于西部的经济增速为代价来完成的。四川作为传统资源大省，经济增速下滑为产业结构转型和生产要素升级提供了契机，形成发展的倒逼机制，更加促使政策引导向这一方向靠近。利用自身资源优势与产业基础，能够较快实现产业转型与升级，在西部形成发展高地，继续发挥集聚效应和扩散效应。

3. 对外开放中心腹地

"一带一路"倡议、长江经济带战略等使得我国对外开放格局进一步形成。四川作为其中重要的节点，随着一系列加大对外开放政策措施的落实，以及"互联网+"等新兴发展业态的提升促进，将进一步打开对外开放格局，进入更大、更多层次的需求市场，使自己成为新一轮对外开放的中心腹地。

**二、多点多极战略下的四川区域结构优化**

近年来，四川经济快速发展，尤其是省会城市成都作为四川经济社会发展的增长极，经济增长较快、集聚效应明显，在省内"一城独大"的特征越来越突出。根据四川经济和省内区域发展的实际，省委十届三次全会将"多点多极支撑发展战略"确定为未来四川经济社会发展的重大战略之一，以保证成都在作为四川经济增长重要"一极"时，其他城市和区域能实现又好又快发展，共同支撑四川经济社会的快速可持续发展。

战略实施以来，随着经济发展整体环境的逐步改变，如何更好地达成战略目标已成为我们必须认真分析的问题。当前世界经济逐步回暖，国内经济正处于产业结构调整和经济转型升级的关键时期。四川虽仍处于工业化中期阶段，但工业和地区生产总值在经过了"十一五"时期和"十二五"前半时期的快速增长后转入平稳增长阶段。在此发展背景下，实施"多点多极支撑发展战略"，必须更加清楚地认识四川各"点与极"的发展态势，寻求一条切合实际的发展路径。

（一）四川经济增长点发展现状

2015 年，四川共有包括成都、自贡、泸州、绵阳、德阳、内江、乐山[①]、南充、眉山、宜宾、广安、达州、资阳和凉山在内的分属 4 个城市群的 14 个市（州）的地区生产总值总额超过千亿元，进入"千亿元俱乐部"。这 14 个市（州）是拉动四川经济整体协调发展的重要增长点，其中，成都是增长点中的首位城市，其余市（州）在经济总量、产业结构、社会发展等方面均落后于成都，是增长点中的次级城市。

1. 首位城市发展现状

（1）经济社会规模一枝独秀。

成都作为四川区域经济增长极，经济社会发展水平远超其余市（州）。2015 年成都生产总值总量达到 10 801.2 亿元，占四川生产总值总量的 35.9%，是在各市（州）中排名第二位的绵阳的生产总值总量的 6.4 倍。同时，成都是四川唯一一个常住人口超过千万人的市（州），也是四川唯一一个特大城市[②]，2015 年主城区人口达到 541.3 万人。

（2）优势生产要素集聚。

成都作为四川经济增长极，集聚了大量的资金和人才等重要生产要素。从资金集聚来看，2015 年成都全社会固定资产投资额达到 7 007 亿元，占全省总额的 27%；地方公共财政收入达到 1 157.6 亿元，占全省总额的 45.8%。从人才集聚来看，成都流动人口数量不断快速增加，从"六普"结果来看，成都净流入人口在 21 个市（州）中最多，接近 300 万人。2015 年成都从事科学研究、技术服务和地质勘查业的就业人员约占到全省总数的一半。

（3）经济发展进入工业化后期。

从产业结构来看，成都自 1999 年以来即已实现"三、二、一"产业结构，

---

① 按照 2011 年 12 月 31 日四川省人民政府办公厅印发的《四川省"十二五"城镇化发展规划》（川办发〔2011〕94 号）划分标准，乐山市主城区、夹江县、峨眉山市划入成都城市群，其他各区（市、县）划分入川南城市群。乐山市主城区、夹江县、峨眉山市经济总量占乐山市较大比重，经济发展较有代表性，本书为研究方便，将乐山市整体归入成都城市群。

② 市区常住人口为 500 万~1 000 万人。

2015 年三次产业结构为 3.5：43.7：52.8，第三产业在经济结构中占据主要位置，第三产业占比在各市（州）中排名第 1 位。从就业结构来看，2015 年三次产业从业人员结构为 12.4：37：50.6，同样呈现典型的"三、二、一"结构。作为人口大市，成都城镇化率达到 71.5%，位居 21 市（州）第一，比全省平均水平高出 23.8 个百分点。

（4）高新技术产业和服务业重点布局。

经过多年的产业布局，成都已形成包括电子信息、生物医药、新材料、新能源、航空航天等产业在内的高新技术产业。2015 年成都高新技术产业工业总产值达到 5 116 亿元，占四川省高新技术产业工业总产值的 45%。同时，电子信息、生物医药、现代金融、会展、旅游等现代工业和生产性服务业初具规模，形成新的经济增长点。

（5）经济增速开始放缓。

随着经济总量的不断增加，加之近年来转型升级压力的逐渐加大，成都地区生产总值虽仍保持较快增长速度，但已开始明显落后于其他大部分快速发展市（州）。2015 年成都生产总值增速为 7.9%，仅高出全省平均水平 0.1 个百分点，位居 21 个市（州）的第 16 位。

2. 次级城市发展现状

当前，作为四川经济又一增长点的次级城市虽发展较快，但在经济社会发展各方面与首位城市成都仍存在一定程度的差距，特别是位于成都城市群以外的次级城市，在地理位置上距首位城市较远，受其经济辐射作用较弱。但这些城市在支撑四川经济社会全面协调发展方面有着重要作用。各城市群中次级城市在地理位置、资源禀赋、发展历程、产业结构及布局等方面均存在相似之处，是四川重要的"新兴增长极"，将在未来与首位城市形成"多点多极"互动发展格局。

（1）拥有丰富资源和良好发展基础。

四川资源丰富，各次级城市富集了生态、矿产、人力等多种资源。川南城市群位于长江上游四川南部、川滇黔渝三省一市交界处，人口稠密，拥有较为丰富的煤、铁、石油等矿产资源和水力资源，泸州、宜宾酒业资源丰富。川南城市群中的次级城市在工业发展水平、产业布局等方面有诸多相似之处，工业化率、城镇化率基本处于四川 21 市（州）上游水平，工业基础良好，中等城市密集，城镇布局和生产力布局大致吻合。川东北城市群次级城市人口规模较大，且在经济发展水平、产业结构等方面均较为接近，是各个城市群中次级城市经济社会发展水平最为接近的两个增长点。攀西城市群次级城市在发展历程、发展阶段各有不同。攀枝花①是我国重要的钢铁、钒钛和能源基地，工业基础雄厚，人均生产总值位居西部各市（州）第1位；凉山生态、矿产、水资源丰富，但经济发展起步较晚，近年来发展迅速，特别是工业增长迅速。

总体来看，四川次级城市均有较为良好的经济发展环境和产业发展基础，基本已进入工业化发展中后期阶段，形成较为稳定的产业支撑态势，为进一步实现四川区域经济"点与点""点与极"之间协调发展打下了坚实的基础。

（2）投资向次级城市偏移。

四川2013年正式实施"多点多极支撑发展战略"以来，以投资为代表的资本等资源不再仅仅集中于首位城市，开始出现向次级城市偏移的趋势。2015年成都全社会固定资产投资总额为7 007亿元，占全省总额的27%，比2012年下降5.7个百分点，下降幅度明显。次级城市全社会固定资产投资总额比重基本呈现上升态势，2015年全部次级城市所占比重为49.3%，比2012年上升4.9个百分点。

（3）经济增速有待进一步提高。

省委省政府制定的"多点多极支撑发展战略"目标要求次级城市力争到2017年10个市（州）生产总值超过2 000亿元、5个市（州）生产总值超过1 500亿元。从2015年各次级城市经济规模来看，生产总值总量在次级城市中位于第10位的是内江，达到1 198.6亿元，要在2017年超过2 000亿元，其年均增速需达到13.3%。内江2015年生产总值增速为8%，从当前各地经济发展进入企稳阶段来看，若内江未来5年经济发展保持这一增速，仍与预定目标相差3个百分点。

攀枝花2015年在各市（州）中生产总值总量排名第15位，总额为925.2亿元，要实现2017年1 500亿元的目标，年均需增长13.4%，比2015年生产总值增速高出2.7个百分点。

在当前国际经济形势缓慢复苏、国内经济下行、四川经济缓中趋稳的发展现状下，各次级城市经济增长速度也呈现趋稳态势。要实现次级城市预定发展目标，经济增长速度仍有待提高。

---

① 攀枝花并未进入"亿元俱乐部"，但由于其较为特殊的经济发展历程和在四川省工业布局中的重要地位，本研究将其纳入次级城市范畴。

（4）现阶段仍难与成都形成"双核"互动发展。

成都是四川经济社会政治中心，集聚效应明显。次级城市在经济总量、人口规模、城市建设等各方面与成都均存在一定差距。绵阳在地理位置上距离成都较近，经济发展 、交通通信、产业布局等受成都扩散效应影响，是四川发展仅次于成都的城市。但其 2015 年生产总值总量占全省生产总值的比重为5.7%，比成都低 30.2 个百分点，年末户籍总人口占全省总人口的比重比成都低 8.2 个百分点，与成都存在较大差距。

从全国其他省（市）来看，2015 年全国生产总值总量排名前 8 位的省份，除四川外经济发展均为双核带动。从表 3-16 可以看出，它们中的其中"一核"为该省的省会城市，另"一核"通常是交通便利、经济发达的重要城市，两城市间距离主要集中在 100~400 千米区间内。作为一省的两个增长极，其经济总量占该省经济总量比重相差不大，基本不超过 10 个百分点，人口规模占该省比重相差最多不超过 5 个百分点。由此来看，四川要想在区域经济发展上形成"多点多极"格局，次级城市与首位城市"双核"互动发展，仍有一定难度。

2015 年全国经济总量排名前 7 位省（市） "双核"城市经济情况如表 3-16 所示。

表 3-16　2015 年全国经济总量排名前 7 位省（市）"双核"城市经济情况

| 地区 | | 总人口占全省比重（%） | 生产总值占全省比重（%） | 两市间公路总里程（千米） |
|---|---|---|---|---|
| 广东 | 广州 | 12.4 | 24.9 | 123 |
| | 深圳 | 10.5 | 24.0 | |
| 江苏 | 南京 | 10.3 | 13.9 | 191 |
| | 苏州 | 13.3 | 20.7 | |
| 山东 | 济南 | 7.2 | 9.7 | 330 |
| | 青岛 | 9.2 | 14.8 | |
| 浙江 | 杭州 | 16.3 | 23.4 | 145 |
| | 宁波 | 14.1 | 18.7 | |
| 河南 | 郑州 | 10.1 | 19.8 | 121 |
| | 洛阳 | 7.1 | 9.5 | |

表3-16(续)

| 地区 | | 总人口占全省比重(%) | 生产总值占全省比重(%) | 两市间公路总里程(千米) |
|---|---|---|---|---|
| 河北 | 石家庄 | 14.4 | 18.3 | 472 |
| | 唐山 | 10.5 | 20.5 | |
| 辽宁 | 沈阳 | 18.9 | 25.4 | 358 |
| | 大连 | 15.9 | 26.8 | |

总体来看，四川次级城市均有较为良好的经济发展环境和产业发展基础，基本已进入工业化发展中后期，形成较为稳定的产业支撑态势，为进一步实现四川区域经济"点与点""点与极"之间协调发展打下了坚实的基础。但是，"多点多极支撑发展战略"实施一年后，对各增长点影响较小，资源、人口等仍大量向成都聚集，次级城市提速增效仍有待长远发展，政策效应尚未出现显著效果。

（二）支撑和影响"点"与"极"发展的因素

区域经济中，作为增长点的城市不能独立存在，而需要通过"点"与"点"之间在经济社会等各方面的互动协调发展形成城市群即区域经济增长极，共同带动整个区域经济的发展。四川区域经济发展已经具有多个以中心城市为重点的不同发展水平和产业布局的增长点，并由此构成了以四大城市群为主的增长极发展雏形。在经济发展现阶段，这些"点"与"极"的发展受到诸多因素的影响，从而影响着四川区域经济的协调发展。

1. 支撑因素

（1）优势产业布局基本成型。

从2013年各市（州）工业分行业区位商来看，首位城市和各次级城市均已基本形成了基于自身优势资源和发展基础的优势支柱产业，各城市群增长极内增长点产业相互合作，也已基本形成了跨区域合作的特色优势产业链。成都在食品、烟草、家具制造业，汽车制造业，计算机、通信和其他电子设备制造业，金属制品、机械和设备修理业等行业具有明显的专业化优势。四川通过研发、整机、系统集成和配套产业链互补与融合的发展模式，构筑了成都-绵阳电子信息、成都-德阳装备制造业等多条产业链。

川南城市群各次级城市在产业布局上更为接近，自贡、泸州、内江、宜宾四市在煤炭开采和洗选业、化学原料和化学制品制造业上均有专业化优势，同时在非金属矿采选业，酒、饮料和精制茶制造业，造纸和纸制品业等多个行业有相互重叠的专业化优势。"白酒金三角"是包含了泸州、宜宾、遵义三大白酒酿造名城的白酒产业集群，特别是在当前白酒产业动荡发展时期，其更是形成了四川白酒产业抱团发展的合力。

川东北城市群南充、达州在工业化、城镇化等方面相对其他城市群次级城市均处于较为落后状态，主要以农业、石油、天然气开采业等产业为主。

攀西城市群次级城市攀枝花、凉山在工业发展阶段上存在一定差距，优势产业均主要集中在资源类行业，如黑色金属矿采选业、有色金属矿采选业、黑色金属冶炼和压延加工业，以及电力、热力生产和供应业等。

（2）立体交通网络形成。

作为内陆省份，四川在经济社会发展历史上受制于地理地形，交通不便，物流、信息不畅，这在很大程度上阻碍了四川经济的发展。为打破这一限制，四川加大了交通枢纽建设，已经形成了覆盖"水陆空"的较为完备的立体交通网络。四川在陆路交通方面，通过高速公路、快速铁路的建设，1~2小时盆地内经济圈、4小时周边省会经济圈、8小时全国经济圈正在逐步形成；在空中交通方面，正在建设的第二机场将大规模提升四川空中交通客货吞吐量；在水路交通方面，四川自古以来依托岷江、嘉陵江等水道，形成了宜宾、泸州、乐山等重要水运港口，近年来各港口通过升级在建，提升了港口、航道级别，加快了水运建设。

（3）优势政策叠加。

天府新区的建设，是四川又一增长极的确定，将更大程度地发挥成都作为西部特大中心城市的竞争力和带动力，拓展成都和周边地区的产业发展空间，进一步凸显四川在西部地区的优势地位。同时，作为内陆省份的四川，经济开放程度相对较低，而近年来不断加强的"西向""南向"开放政策，不但提升了四川对外开放的交通通达度，而且在欧美市场复杂变化的同时为四川打开了东盟等市场，目前东盟已取代欧美成为四川最大的外贸合作伙伴。

（4）经济处于转型升级期。

当前国内经济正处于转型升级时期，东部产业逐步向中西部转移，四川正是承接东中部产业转移的重要省份。同时四川自身也正处在转型升级的重要时刻。经济转型升级为四川多点多极发展提供了重要的战略契机，在此基础上，首位城市成都在产业结构调整升级期间经济增速适当放缓，经济质量更加提升；次级城市在自身产业发展升级的基础上，向城市群增长极上优势主导产业产业链逐步靠拢，不断拓宽和延长产业链，进一步发挥主导产业集聚优势。

（5）区域经济"第二极"正在崛起。

从四川当前经济发展实际来看，单个"增长点"想要与首位城市成都形成"双核"或"多点"互动格局困难较大，而近年来实现较好较快发展、逐步形成发展合力的川南城市群，正成长为四川区域经济的"第二极"。

从区位交通来看，川南城市群位于长江上游川滇黔交界处，包含的各市均为次级城市，与成都的平均距离约为200多千米，自贡、内江、泸州、宜宾构成三角状城市群空间结构，彼此相距不到100千米。近年来，川南交通迅速发展，区位优势更加明显，城市群内外经济互动频繁。从人口来看，川南城市群常住人口超过成都，城镇化率逐步提高且与成都的差距呈不断缩小态势，2011—2015年差距缩小了0.6个百分点，人口规模不断扩大。从经济发展来看，川南城市群生产总值总量在四大城市群中除成都城市群外属最大，且2011年、2012年生产总值增速均在四大城市群排名第1位。川南城市群工业化率在四大城市群中最高，各城市间经济发展水平和产业布局较为相似，更容易形成发展合力，经济实力在四川四大城市群中位于第二位，具有良好的发展基础和发展潜力。

2011—2015年成都与川南城市群经济发展比较如表3-17所示。

表3-17　　　　2011—2015年成都与川南城市群经济发展比较

| 年份 | 指标 | 成都 | 川南城市群 |
|---|---|---|---|
| 2011年 | 常住人口（万人） | 1 407.1 | 1 507.8 |
| | 城镇化率（%） | 67.0 | 40.3 |
| | 生产总值总量（亿元） | 6 950.6 | 3 627.1 |
| | 生产总值增速（%） | 15.2 | 15.6 |
| | 工业化率（%） | 37.6 | 56.6 |
| 2012年 | 常住人口（万人） | 1 417.8 | 1 514.1 |
| | 城镇化率（%） | 68.4 | 42.1 |
| | 生产总值总量（亿元） | 8 138.9 | 4 136.2 |
| | 生产总值增速（%） | 13.1 | 14.1 |
| | 工业化率（%） | 38.4 | 57.0 |

表3-17(续)

| 年份 | 指标 | 成都 | 川南城市群 |
|------|------|------|-----------|
| 2013 年 | 常住人口（万人） | 1 429.8 | 1 517.4 |
| | 城镇化率（%） | 69.4 | 43.3 |
| | 生产总值总量（亿元） | 9 108.9 | 4 554.3 |
| | 生产总值增速（%） | 10.2 | 10.1 |
| | 工业化率（%） | 38.3 | 55.9 |
| 2014 年 | 常住人口（万人） | 1442.8 | 1519.8 |
| | 城镇化率（%） | 70.4 | 44.6 |
| | 生产总值总量（亿元） | 10 056.7 | 4933.7 |
| | 生产总值增速（%） | 8.9 | 8.1 |
| | 工业化率（%） | 38.3 | 54.8 |
| 2015 年 | 常住人口（万人） | 1 465.8 | 1 528.5 |
| | 城镇化率（%） | 71.5 | 45.8 |
| | 生产总值总量（亿元） | 10 801.2 | 5 221 |
| | 生产总值增速（%） | 7.9 | 7.0 |
| | 工业化率（%） | 37.6 | 52.8 |

2. 影响因素

（1）产业同构化仍然存在。

虽然近年来各次级城市积极发展自身主导优势产业，但由于资源禀赋、产业基础较相似，且各自发展阶段较为接近，因此在各次级城市中仍然存在着较为严重的产业同构化现象。以工业发展速度较快的川南城市群次级城市为例，自贡、泸州、内江和宜宾四市工业集中于几个行业，呈现较为相似的工业结构，且产业链相对较短。四市工业主要集中在机械、食品、酒业、化工、能源等行业，各城市工业结构相似度极高，这种高度同构化的产业结构会加剧各城市对资源和市场的竞争，削弱该增长极的工业竞争力，同时，使其经济抗市场风险的能力大大降低。从表3-18中可以看到，四市的工业基本上是传统工业，缺乏清洁高效的高新技术产业，不利于增长极经济的快速、持续发展。

川南城市群次级城市主要工业行业如表3-18所示。

表 3-18　　　　　　　　川南城市群次级城市主要工业行业

| 城市 | 主要工业行业 |
|------|------------|
| 自贡 | 盐化工业、机械制造、新材料 |
| 泸州 | 酒业、化工、能源、机械制造 |
| 内江 | 食品饮料、机械制造、冶金建材、医疗化工、电力能源 |
| 宜宾 | 酒类食品、综合能源、化工轻纺、机械制造 |

（2）"点"之间融合度仍待加强。

各次级城市经济社会发展水平与首位城市之间仍存在一定差距，组团发展、集中优势资源形成发展合力是更好发挥次级城市资源优势的合理路径。但从当前发展态势来看，各次级城市间融合度仍有待加强。

从产业配套来看，各次级城市间虽已开始形成跨区域产业链，但产业链规模不大，且多停留在资源流动、产品装配等方面，没有形成较为完整的产业分工配套合作。从城市融合方面来看，虽然早在 2010 年年初成都、德阳、绵阳、眉山、雅安、资阳、遂宁、乐山 8 市即签署了《成都经济区区域合作框架协议》，但 8 市区域合作步伐仍显迟缓，在交通、通信、金融、人口流动等方面的跨区域合作存在较大空间。同时，部分城市还存在着经济部门内部为实现发展业绩，对进行产业向外转移的企业设置贸易壁垒的现象，从而进一步阻碍了城市间在产业、经济、人口上的融合。

（3）人力资源结构性失衡。

当前四川人力资源分布存在着区域、产业和技能层次分布的结构性失衡问题。成都相较于其他次级城市，集聚了大量高学历、高技能人才，而在急需快速发展的次级城市，高端人才较为缺乏，这从知识技术层面阻碍了四川多点多极的协调发展。

（4）川南城市群经济发展趋缓。

虽然在前几年作为四川经济增长的"第二极"，川南城市群保持了较快的经济增长，但其仍然存在着要素集聚力不足、城镇化滞后于工业化等问题。特别是 2013 年受宏观经济形势的影响，川南城市群在经济、产业等方面发展趋缓。2013 年川南城市群生产总值增速为 10.1%，仅比全省平均水平高出 0.1 个百分点，不再保持城市群增速领先地位；特别是宜宾市经济增幅下滑较大，2013 年，其生产总值增速在全省 21 市（州）中排名第 20 位。

川南城市群经济发展趋缓主要受到其优势主导产业白酒产业和能源化工产业发展受挫的影响——白酒市场需求疲软，煤矿停产关闭重组。从受影响最大的宜宾市来看，2013年宜宾白酒行业仅拉动其规模以上工业增加值增长4.3个百分点，比2012年下降近4个百分点；煤炭行业增加值增速下降25%，让其规模以上工业增加值增速下拉了5.4个百分点。

（5）周边增长极快速崛起。

四川作为西部经济大省，在经济规模、发展水平等方面相较西部其他省占有一定优势。但近年来随着西部大开发的逐步推进，其他西部省（市）均实现了较快的发展。特别是2010年以来，重庆两江新区、甘肃兰州新区、陕西西咸新区、贵州贵安新区等国家级新区先后设立，而直到2014年10月2日，成都天府新区才获批成为国家级新区。周边国家新区在"十二五"前期经济快速发展时期设立，享有更优厚、更长期的政策红利，进一步推动了周边省份增长极的快速崛起。2013年，重庆、甘肃、陕西、贵州四省（市）生产总值增速均超过四川，对四川形成赶超、包围之势。

（三）实现四川多点多极发展的路径选择

四川"点"与"点"之间、"点"与"极"之间，有共通之处，也存在着一定的差异性。多点多极发展，有各"点"、各"极"的差异发展，也有其融合发展，其涉及首位城市、次级城市和城市群发展多个层面。

1. 首位城市优质发展

首位城市成都已经具有相对较高的发展水平，聚集了大量的发展资源。为进一步提升发展水平，对次级城市起到引领和带动作用，成都在"多点多极支撑发展战略"实现过程中，需要以"优质性""选择性"为指导，走优质发展的道路。

（1）优质环境塑造。

首位城市成都的优质环境，不仅包括生态环境的优质，还包括人居环境、投资环境等的优质。四川是长江中上游重要生态屏障，而作为天府名城、旅游胜地的成都，生态环境和人居环境一直较好，不仅吸引了大量人口到此旅游、定居，也吸引了众多高新技术企业和科研机构研发中心落户。但近年来随着工业的快速发展、汽车数量的迅猛增加，成都环境质量有所下降。因此，为大力改善人居环境，首先需要加大成都周边高污染高能耗企业的清理力度，但不能简单地将这些企业"关停并转"，而应有计划、有指导地引领其进行产业升级优化，纳入产业链发展规划，实现循环可持续发展。其次，要继续加大公共交通建设，完善公共交通规划，提升公共交通的容纳力和通达性。

在投资环境方面，除了要对优先发展产业投资给予优惠，对资金流向加以监督、选择之外，更要打造一个高效、便捷的投融资环境。应加大现代金融等生产性服务业的建设力度，减少交易壁垒，提升投融资便利性。

（2）优质人才吸纳。

对优质人才的吸纳，主要应包括对专业技能人才、高级管理人才和科研型人才的吸纳。对于专业技能人才，要想吸引这类人才，除了简单地提高其薪资福利水平外，也要为他们提供一个自身专业成长的空间。对于高级管理人才，要注重为他们提供一个高效、有序的工作环境和便捷舒适的生活环境。对于科研型人才，产学研结合的发展模式、充足的科研经费、高水平的科研设备等优越的软硬件条件对这类人才自身能力的挖掘和自我意识的肯定都是极其重要的，也只有这样，才能做到对人才的充分利用。

（3）优质产业选择。

所谓优质产业选择，就是要选择和成都当前经济发展阶段以及优势主导产业相匹配的产业，延长和拓宽成都现有产业链。如重点选择高新技术产业（特别是其研发设计端口），生产性服务业如现代金融业、现代物流业，以及文化产业等。

2. 次级城市优先发展

次级城市与首位城市之间在城市规模、经济社会发展水平等方面均存在一定差距，在多点多极发展过程中需要对首位城市实施追赶，走优先发展的道路。

（1）优先实施基础设施与公共服务设施的建设。

基础设施与公共服务设施是区域经济社会发展的基础之一，加大次级城市基础设施与公共服务设施的建设，不仅可以快速拉动区域经济社会发展，同时能很好地改善民生，提升人民生活质量。次级城市基础设施与公共服务设施的建设，首先要加大交通通信基础设施建设，减少交通、物流、信息成本，增强区域之间在人口、资源、信息等方面的流通力度。其次是要加强工业园区等的建设，提升园区水平，增强园区实力，同时要明确园区产业定位、产业选择、产业布局、产业集群等，真正形成规模效应和完整的园区产业链。最后是要加强学校、医院、银行等配套生活设施的建设，完善城市功能，提升当地居民生活水平。

（2）优先吸纳资金与劳动力。

首先是要加快承接产业转移，不仅要承接从东中部转移过来的产业，同时也要加快承接从成都转移过来的产业，以适应自身产业发展和配套的需要。其次是要加快自身产业的转型升级，由自然资源密集型产业为主导向资金和劳动力密集型产业为主导转变。最后是要壮大城市规模，加快城镇化进程，加强城镇对农村劳动力的吸引。

（3）优先发展配套优势产业。

次级城市在承接、引进和发展自身产业时，应针对区域内已有优势主导产业，优先发展上下游配套产业，形成与优势主导产业相关联的产业链。优势主导产业产业链的形成，不仅可以加强资源的循环利用，在一定程度上减少资源约束，而且还能更容易地形成规模效应，推动主导产业进一步快速发展，形成区域产业品牌。

3. 城市群协调发展

四川要想实现多点多极支撑发展，不仅要注重"点"的发展，同时更应该注重包含各"点"的"极"的协调发展。

（1）加快区域融合。

区域融合，一方面是通过市场力量，实现产业发展的融合，即实现跨区域资源、人口等更便捷的流动与交换，实现产业链的延伸与拓展。另一方面是通过政府力量，为这种流动与交换、延伸与拓展提供通道与平台。

在交通方面，加大跨区域交通枢纽建设，减少物流与人流的时间、资金、机会等成本；实现跨区域交通一卡通，通过"天府通"交通卡实现跨区域和整个四川省范围内的公交、地铁、高铁、出租汽车等各类公共交通工具甚至超市、旅游景点门票等的无缝对接使用。在通信方面，不仅要注重移动网络、移动通信等通信枢纽的建设，提升四川特别是成都在全国乃至国际上的通信地位，同时也要注重首位城市与次级城市在通信业务上的技术共享，进一步降低通信成本，提升规模效应，如加大"028"区号覆盖范围、降低移动通信和网络成本等。在金融方面，减少资金在途时间，简化资金流转手续，努力提高资金流转效率。同时，通过户籍制度改革，进一步落实居住证制度，平稳加快次级城市人口流动，在城镇化水平稳步提升的同时，注重配套生活设施等的建设。

（2）重置产业布局。

"多点多极支撑发展战略"，其主旨和最终目标就是要实现四川区域内经济社会的协调发展。这一目标的实现，是通过产业发展来带动的，即通过产业的转型升级和产业链的优化、拓展和延伸，形成跨区域的产业链，以产业快速增长带动区域经济的进一步协调发展。通过资源优化配置和产品流通，提高、优化区域间资本的利用率，减少区域间发展壁垒，重塑四川经济地理。

（3）落实生态补偿机制。

四川是长江上游重要的生态屏障，而区域内次级城市按主体功能区划分，包含了重点开发区、限制开发区等各种形态。生态补偿机制一方面推进了生态环境的保护治理，另一方面使限制开发区如大小凉山地区当地居民的利益得到了持续保障，缓解了当地居民在产业结构调整中面临的生存压力，这对加快推进长江上游生态屏障建设具有重要意义。

除了单纯依靠中央财政的纵向转移支付外，地区间的横向转移支付，如首位城市向次级城市的转移支付，既可以弥补生态补偿资金的缺口，极大地缓解中央政府财力紧张的状况，又有利于提高转移支付的透明度，减少中间环节，使得转移支付资金到位快，受益地区可以根据本地需要灵活安排使用，从而对补偿者和被补偿者都有激励作用。

4. 区域经济"第二极"重点发展

（1）重点建设连接成渝两地的交通枢纽。

川南城市群布局在沿长江经济带，是四川成渝经济区建设"一极一轴一区块"中的重要"一轴"。川南城市群使成都、重庆的生产要素流动交换，具有极为重要的"走廊经济"效应，接受来自成都、重庆两个增长极的共同经济辐射。川南城市群应该抓住这一重大发展机遇，加快连接成渝两地的交通枢纽的建设。

当前，高铁已经成为连接城市的快捷通道，应加快建设连接川南城市群与成都、重庆、云南、贵州等地的高铁交通网络，实现区域间的要素快速流通。应加快泸州港、宜宾港的建设步伐，与重庆港发展形成联动机制，打造沿江经济带。

在此过程中，川南城市群要努力使自身产业链尽快融入成渝产业链，积极配套成都、重庆"两核"经济社会发展，防止"走廊经济"成为"过道经济"。

（2）重点形成产业发展合力。

实现城市群发展合力，除了要加快区域融合、实现同城化发展外，还要实现产业协调与互补发展，构筑城市群内部完整的白酒及能源化工产业链。

第一，打造白酒产业区域品牌，创新经营管理理念。①在建设白酒产业基地、集中发展大型白酒企业的同时，通过授权贴牌生产方式，发展中小型白酒企业，以此将传统的产、供、销一体的白酒产业经营模式进行产销分离，在专业分工基础上形成完整产业链和产业集群。②四川白酒文化氛围浓厚，强化白酒文化，加大宣传力度，不仅可以突出川南城市群的白酒产业特色，更可以提高川南城市群白酒产业的区域品牌知名度，扩大市场占有率。要创新发展理念和企业经营理念，提高白酒企业自身价值，打造和发展白酒企业自身企业文化及与此相关的文化旅游产业。

第二，加快发展精细能源化工产业，延长能源化工产业链。川南城市群能源化工产业生产的多为初级产品，技术含量不高，产品附加值较低。发展精细能源化工产业，延长产业链，能够在最大范围内发挥产业乘数效应，带动区域经济的发展。因此，可以积极引进国内外先进技术，有意识地提高产品精细化率，调整能源化工产业结构。

（3）重点培养新兴优势主导产业。

川南城市群内泸州、宜宾是四川重要的港口城市，是四川建设西部交通枢纽不可或缺的组成部分。发展川南城市群临港工业，可以使川南城市群承接成都增长极产业转移，感受成都增长极扩散效应，带动城市群工业的发展，同时实现主导产业的多元化发展和转型升级，避免某一主导产业发展减缓对经济发展的重大冲击。现代物流业对区域经济和其他产业发展的带动作用很明显，川南城市群依托港口发展物流业，将其培养成为优势主导产业，不仅可以加强城市群自身的经济建设，还可以加快要素流通，扩大川南城市群经济辐射范围。

（4）重点加强产业与环境的协调发展。

川南城市群白酒产业的发展对水质等环境要求较高，而能源化工产业可能对环境造成一定影响。随着经济的不断发展，川南城市群未来对生态环境的要求必将越来越高。川南城市群正处于工业化发展的重要阶段，完全限制工业如重化工业、资源开采加工业的发展是不可能的。因此，加大生态环境保护力度，是未来经济发展中的重中之重。

政府应采用积极财税政策，如采取税收优惠、财政补贴等措施，鼓励企业引进先进技术，加强自身工艺与技术创新，引导工业企业逐步向产业链下游即产品深加工、生产性服务业等方向转型与升级。

# 第七节　新常态下四川转型发展的总体思路

四川不仅是人口、资源大省，也是旅游、消费大省，拥有雄厚的发展基础，资源丰富、市场空间广阔，发展潜力巨大。四川经济发展处于"适应经济新常态、加快转型发展"的关键时期，挑战和机遇并存，应立足于"欠发达、不平衡"的基本省情，顺应国内外转型发展的基本趋势，牢固树立创新、协调、绿色、开放、共享五大发展理念，深入实施"三大发展战略"，始终保持经济发展的专注定力，注重发展一致性、连续性、创新性，注重增强发展动力，注重补齐发展短板，坚定不移地走符合四川实际的发展路径。

充分考虑四川省经济的新常态发展与阶段性发展相交织的新特征和面临的机遇与挑战，在已经确定的全面建成小康社会目标任务的基础上，未来五年四川应以创新引领发展，推动新经济蓬勃发展，实现"两个上台阶""两个跨越""五个力争"，实现地区生产总值上 5 万亿元、人均地区生产总值上 1 万美元"两个台阶"，实现经济社会发展整体水平跨入中等发达国家水平、经济发展从工业化中期跨入工业化后期"两个跨越"，力争供给侧结构性改革取得实效、先进制造业快速发展、服务业比重明显上升、区域发展更加协调、生态建设和环境治理取得成效。

**一、坚持做大做强四川制造，推动"四川制造"走出去**

在《中国制造 2025 四川行动计划》的整体框架下，应坚持"四川制造"走出去的发展战略。以智能化、绿色化、服务化为发展方向，以专业化、规模化、长期化为发展路径，集中优势力量，突破重点产业，带动制造业的稳定向好发展，以此夯实经济发展基础，推动以"四川制造"为核心的产品和服务的开放发展。

（一）培育创新驱动产业集群

大力培育数十家新兴领域重点成长型产业集群，打造数百家行业骨干企业，建立长江经济带或"一带一路"产业基金，推动战略性新兴产业加快发展。大力扶持 4D 打印、VR 技术、机器人以及无人驾驶汽车等数百个省级技术创新重大项目，重点推进数千项科技成果在省内的转化应用，夯实创新驱动的产业基础。

（二）系统推进全产业链发展

以打造全产业链为目标，围绕产业链部署创新链，形成"四川制造"品牌优势。一是进行产业对接，深入实施战略性新兴产业和重点优势产业对接融合发展的工程，促进产业优化升级。二是进行区域对接，围绕重点优势产业，突出各地发展优势，整合优势资源，合理规划重点产业发展空间布局，形成重点优势产业区域对接。三是进行产学研对接，建立和完善以企业为主体的技术创新体系，建立制造企业、高等院校、科研院所、金融资本共同构成的产业化战略创新联盟，深度激发创新活力。

（三）加强"四川制造"品牌培育

《关于加快推进工业产品质量品牌提升行动的实施意见》（以下简称《意见》）提出了到 2020 年，培育"四川制造"品牌企业 100 家以上、中国质量奖及提名奖企业 10 家以上、天府质量奖及提名奖企业 50 家以上。为加强"四川制造"品牌培育，《意见》提出要围绕七大特色优势产业、七大战略新兴产业和五大高端成长型产业的企业和产品，力争培育 8 家得到中国质量奖的企业，35 家得到天府质量奖及提名奖的企业，培育 100 家省级品牌培育试点企业，培育 5 家以上全国品牌培育示范企业，力争 5 个工业集中区进入工信部产业集群区域品牌建设试点。

（四）强化"互联网+四川制造"平台建设

充分利用"互联网+四川制造"平台，运用产业激励手段和政府相关政策驱动，继续加大对生产制造企业的创新孵化扶持力度，推动川企在"互联网+"时代的新创新、新突破、新发展。

## 二、坚持区域协调发展，促进产业结构优化

（一）坚持区域协调，培育多点多极

深入实施多点多极支撑发展战略，推动成都平原经济区领先发展，川南经济区一体化发展，培育壮大川东北经济区，挖掘攀西特色经济区和川西北生态经济区增长潜力，促进区域协调发展、共同发展。夯实底部基础，发展壮大县域经济，推动民族地区、革命老区、贫困地区跨越发展，从而促进四川区域经济协调发展。助推成渝经济区成为中国经济增长的第四极，将天府新区培育成为国家在西部地区重要的新兴经济增长极，强力推动成都以及整个四川加快发展。建议打破行政壁垒，积极培育形成多个经济总量在 3000 亿~5000 亿元的市（州），培育经济总量超万亿的城市群，增强其城市综合竞争力，充分发挥其辐射、引领作用，带动周边地区发展。

（二）促进区域产业协作，优化资源配置

充分利用"长江经济带""丝绸之路"等相关政策，根据不同地区主体功能定位、资源开发强度及开发潜力、资源环境的承载能力等，确定不同的发展方向和重点。积极促进区域间产业融合发展，加强区域合作，实现产业优势互补。通过加大区间要素流动，大力培育产业间融合发展的新业态、新产业。推动资源优化配置，促进产业结构优化升级。继续深入实施"全国布局""产能合作""跨国成长""丝路开拓""平台构筑""保驾护航"六大行动，加快推动企业"走出去"，全面提升成都与"一带一路"沿线国家的经济贸易合作水平，建设长江上游衔接"一带一路"沿线国家的国际战略枢纽。

（三）加快推进新型城镇化，统筹城乡发展

加快推进以人为核心的新型城镇化，做好四川全域性的城镇化建设规划，构建科学合理的城镇体系。在支持成都发挥特大中心城市的引领带动作用的同时，加快发展区域性中心城市，推动一批城市发展成为特大城市和大城市，加快发展中小城市和小城镇。推动统筹城乡改革发展，有序推动人口合理流动，有序推进农业转移人口市民化，注重提高城镇化质量，加快实现公共服务均等化，加快基础设施建设，增强中小城市、小城镇的人口吸纳能力，完善大城市

的城市治理功能，形成城乡一体化发展的新格局。

### 三、实施人才优先发展战略，培育良好创新环境

（一）完善人才吸引制度

以《四川省系统推进全面创新改革试验方案》为引导，完善人才引进、人才培养、人才激励、人才流动等一系列人才吸引制度。一是继续依托成德绵核心区域建设"人才特区"，引进高端人才。二是加大对本地人才和引进人才的进一步培养与激励，推进职业教育教学模式和课程改革，建立学历学位与职业资格证书"双证书"制度。深化高校创新创业教育改革，建立行业、企业和用人单位全程参与高校人才培养的协同育人机制。三是着力健全"人才+项目+平台"的创新人才培养开发体系，强化人才第一支撑。四是打造环大学城创新经济圈，更大力度搭建大中小企业和高校、科研机构"五方协同"的众创平台，着力形成各类创新主体互促、民间草根与科技精英并肩、线上与线下互动的生动局面。

（二）充分挖掘人口红利空间

要由人口数量红利的衰减向人口质量红利的开发转变。构建多层次创新型人才体系，培育创新创业型人才。从幼儿教育、中小学教育、职业教育、高等教育各个环节入手，构建良好的创新教育生态链，改善人才培养的软环境。加强基础型和应用型人才培养，提高自主创新能力。

（三）加快科研成果转化

完善政府对基础性、战略性、前沿性科学研究和共性技术研究的支持机制，建立创新调查制度和创新报告制度，构建公开透明的国家科研资源管理和项目评价机制，提高我国自主创新能力。建立健全科技成果转化机制，改革科技成果转化评价机制，建立财政支持、社会参与的科技成果转化投入机制。规范科研院所科技成果管理制度和流程，加强知识产权保护和运用。鼓励和支持企业向科研院所、中介服务机构征集所需的科技成果或科技成果转化的合作者，促进科技成果推广应用，实现科技成果的产业化和市场化，释放创新活力。

### 四、把握生态文明建设规律，大力推行绿色发展

将生态文明建设放在突出位置，以人与自然和谐相处为价值取向，以绿色低碳循环为主要原则，以生态文明建设为基本路径，大力推进绿色发展、循环发展和低碳发展，推进绿色发展进程。把建立资源节约型、环境友好型社会作为促发展、转方式的重要目标和落脚点。积极贯彻节约资源和保护环境基本国策，降低温室气体排放强度，大力推广低碳发展技术，努力应对气候变化，发

展循环经济，促进经济社会发展与人口资源环境相协调，走可持续发展道路。把握住"绿色工业革命"的机会，走出一条绿色可持续发展之路。

（一）始终遵循发展规律

强调经济、社会、资源和环境的协调并进，处理好社会机制、经济利益和生态利益之间的关系，打造低碳、环保、健康的生活方式和消费方式，完善社会保障体系，用绿色生活方式营造友爱的、自然的、理想的社会关系综合体。改变粗放型生产方式，转向集约发展，发展现代农业、现代服务业和高端制造业，重点发展低碳绿色产业，开拓循环经济和可持续发展模式，实现经济更好、更快地健康发展。

（二）实行绿色改革

一方面，构建绿色政府文化，引导政府行为绿色化；构建绿色政府考核体系，用以监督政府绿色文化和绿色发展评估。另一方面，制定能源环境政策，改变能源的消费方式和结构，推行能源清洁化生产，促进污染减排。

（三）创新能源科学技术

重视科技创新，加强研发和技术更新，建立和完善能源科技创新体系，创新社会制度，提高科技含量，用高科技实现节能减排和低碳经济。在资源环境承载潜力基础上，依靠高科技，提高生产效率，使经济逐步向低消耗、低能耗的方向转变，恢复和保护生态系统。

**五、全面深化改革，开辟发展新空间**

（一）坚持改革创新，推进转型升级

紧紧抓住国家"一带一路"倡议、第二轮西部大开发和扩大内需战略、成渝经济区和天府新区建设、国内外产业加快向西部转移等重大机遇，继续推动供给侧结构性改革向纵深发展。促进产业结构优化升级，加快发展先进制造业，培育发展五大高端成长型产业和五大新兴先导型产业。着力培育新产业、新商业模式，再造产业发展新动能。积极推进现代农业发展，构建富有四川特色的现代产业体系。加快推进垄断行业改革，破除行业壁垒，促进四川经济健康发展。

（二）坚持扩大内需，优化投资结构

牢牢把握扩大内需、投资拉动这个战略基点，保障四川经济加快发展。加快促进基础设施建设，促进高端制造业、现代服务业等行业的投资，优化投资结构，使投资更加注重基础设施、生态环保、研发创新等领域。充分调动民间资本，吸引各类资本进入，积极推动融资渠道多元化。完善多渠道投入回报补偿机制，形成可持续的融资—使用—偿还机制。

## 2015 年首位城市与次级城市主要经济指标

| 地区 | 年末常住人口（万人） | | 城镇化率（%） | | 生产总值总量（亿元） | | 生产总值增速（%） | | 产业结构 | 工业化率（%） | | 规上工业增速（%） | |
|---|---|---|---|---|---|---|---|---|---|---|---|---|---|
| | 绝对值 | 排序 | 绝对值 | 排序 | 绝对值 | 排序 | 绝对值 | 排序 | | 绝对值 | 排序 | 绝对值 | 排序 |
| 成都 | 1 465.8 | 1 | 71.5 | 1 | 10 801.2 | 1 | 7.9 | 10 | 3.5：43.7：52.8 | 37.6 | 18 | 7.3 | 18 |
| 德阳 | 351.3 | 10 | 48.5 | 3 | 1 605.1 | 3 | 8.2 | 7 | 13.0：56.3：30.8 | 55.3 | 4 | 9.0 | 12 |
| 绵阳 | 477.2 | 4 | 48.0 | 4 | 1 700.3 | 2 | 8.6 | 4 | 15.3：50.5：34.2 | 42.8 | 12 | 10.7 | 8 |
| 乐山 | 326.1 | 13 | 47.3 | 6 | 1 301.2 | 9 | 9.1 | 2 | 11.0：58.9：30.1 | 55.4 | 3 | 11.0 | 6 |
| 资阳 | 356.9 | 9 | 39.5 | 16 | 1 270.4 | 10 | 8.8 | 3 | 19.7：55.3：24.9 | 49.7 | 8 | 9.8 | 10 |
| 自贡 | 277.0 | 16 | 47.9 | 5 | 1 143.1 | 12 | 8.4 | 6 | 11.2：58.1：30.7 | 52.9 | 7 | 8.1 | 16 |
| 泸州 | 428.5 | 7 | 46.1 | 7 | 1 353.4 | 6 | 11.0 | 1 | 12.4：59.6：28.0 | 55.2 | 5 | 14.0 | 2 |
| 内江 | 374.0 | 8 | 45.6 | 9 | 1 198.6 | 11 | 8.0 | 9 | 15.9：59.9：24.2 | 55.5 | 2 | 8.1 | 16 |
| 宜宾 | 449.0 | 6 | 45.1 | 10 | 1 525.9 | 4 | 8.5 | 5 | 14.2：58.3：27.5 | 53.3 | 6 | 9.0 | 12 |
| 南充 | 636.4 | 2 | 43.8 | 11 | 1 516.2 | 5 | 7.6 | 11 | 22.1：48.9：29.0 | 39.1 | 17 | 11.0 | 6 |
| 达州 | 556.8 | 3 | 40.9 | 14 | 1 350.8 | 7 | 3.1 | 12 | 21.5：48.7：29.8 | 42.4 | 13 | 12.4 | 3 |
| 攀枝花 | 123.3 | 19 | 64.7 | 2 | 925.2 | 15 | 8.1 | 8 | 3.4：71.4：25.2 | 68.4 | 1 | 9.0 | 12 |
| 凉山 | 468.0 | 5 | 32.4 | 20 | 1 314.8 | 8 | 2.8 | 13 | 20.0：49.3：30.6 | 35.9 | 19 | -4.6 | 21 |

# 第四章　对新常态下新动能
测度的探索

2015 年 12 月举行的中央经济工作会议上，习近平总书记在讲话中指出，目前，新一轮科技革命和产业变革正在创造历史性机遇，催生智能制造、"互联网+"、分享经济等新科技、新经济、新业态，蕴含着巨大商机。2016 年 2 月的国务院常务会议上，李克强总理两次谈到了新经济。两会期间，李克强总理在看望经济、农业界委员和参加山东、福建、重庆、广东代表团审议时，都强调要大力发展新经济。在与经济、农业界委员讨论时，短短半小时的讲话中，李克强总理就有 8 次提及新经济。2016 年政府工作报告首次写入"新经济"一词，明确表示"经济发展必然会有新旧动能迭代更替的过程，当传统动能由强变弱时，需要新动能异军突起和传统动能转型，形成新的'双引擎'，才能推动经济持续增长、跃上新台阶。当前我国发展正处于这样一个关键时期，必须培育壮大新动能，加快发展新经济"。

中国经济经过几十年的高速发展，已经进入资本回报率下降、劳动力萎缩、人口老龄化、外需疲软的经济发展"新常态"，正处于转型的阵痛期。再让传统动能继续保持过去那样的高增长，不符合经济规律。当前我国经济下行压力较大，传统的增长模式已经失灵，急需寻找新的动力源泉。而全世界经济增长也越来越依靠以信息技术和互联网为代表的新技术、新业态。新经济的异军突起，能够形成新的 S 形曲线，带动中国经济新的动能，引领经济新一轮的持续增长，使得我国经济向形态更高级、分工更优化、结构更合理的阶段演进。既然新经济如此重要，那么中国新经济的发展现状到底如何？发展程度如何评价？如何引导新经济发展？这些问题成为新经济研究的热门和重点。尤其是新经济指数的构建，成为一个非常具有挑战性和使用价值的研究方向。

由于现有不少统计资料都刻画了传统行业的下滑与困境，仅从追踪传统行业变迁的角度出发，就难以对中国经济的未来走势保持乐观。随着国家"大众创业、万众创新""互联网+""中国制造 2025"等重大战略和行动的深度实施，以新技术、新业态、新模式、新产业为重要特征的新经济正成为经济社会发展的新引擎。李克强总理寄望成都科学城打造成为"新经济核心区"，并将把新经济指数和双创指数做成决策的重要参考依据。做好新经济指数相关研究，有助于评价我国新经济的发展水平与程度，为新常态下经济结构调整、产业转型升级提供决策导向。对此，需要回答好"到底什么是新经济""该如何评价新经济"这两个重要问题。本章围绕这两个问题，对新经济指数进行研究，以期对我国新经济发展状况进行合理评价，并为激发经济发展新动力提供决策参考。

# 第一节　对新经济的探索

## 一、新经济的定义与内涵

对新经济的研究起源于美国 1991 年 4 月至 2001 年 3 月长达 120 个月的高增长、低通胀的经济现象。国内外涌现出一批学者对这种新的经济现象进行分析研究，并把这种经济现象称为"新经济"。

（一）新经济的定义

1. 新经济的起源

"新经济"一词起源于美国经济。20 世纪 80 年代中期以来，面对信息技术及其产业的飞速发展，托福勒提出了第三次浪潮。随后于 20 世纪 90 年代初期，西方社会学界和未来学界提出了知识经济的概念，经济合作与发展组织（OECD）在《1996 年度科学、技术和产业展望》报告中提出"以知识为基础的经济"概念后，知识经济的传播成为一种热潮。这一时期，由于美国经济在 20 世纪 90 年代后期持续高速增长，经济学界又提出了新经济概念。最早提出此概念的是美国《商业周刊》的主编谢博德，根据他 1996 年 12 月 30 日发表的一组文章的解释，新经济是指在经济全球化背景下，信息技术革命以及由此带动的以高新科技产业为龙头的经济，具有低失业、低通货膨胀、低财政赤字、高增长的特点。20 世纪 90 年代以来，尤其是 1995 年以来，美国等发达国家和地区出现了在宏观经济持续高速增长的同时，劳动生产率增长速度提高，失业率不断下降，通货膨胀得到控制的良好局面。一时间，美国一些专栏作家和公司经济学家便宣称，美国已经进入了所谓新经济时代。

新经济的概念在克林顿 2000 年 4 月 5 日召开的 "白宫新经济会议" 上已公开使用与讨论。当时的美国经济分析局局长在 2000 年 5 月撰写了一篇研究报告，题目为《新经济的度量》，回答了什么是新经济。按照他的思路，新经济实际上是一种实体经济的变化，它不仅表现为社会产品结构、质量发生了变化，还表现为经济运行方式、社会分配方式、社会运转方式、社会生产过程和产业组织等都发生了巨大的变化。因此，新经济是一种新的经济形态。

在 2000 年 6 月于重庆市召开的 "重庆·中国西部开发国际研讨会" 上，1980 年诺贝尔经济学奖获得者，美国宾夕法尼亚大学的克莱因教授指出，美国经济可以划分为三个部分，即传统经济、知识经济和新经济。传统经济指制造业，知识经济指教育、文化、科学技术研究与开发等产业，新经济指以网络、信息和通信技术为主体的新兴产业。按照克莱因的观点，新经济只不过是一个经济体的一部分，尽管这部分对其他部分影响很大，且增长很快，但尚未达到代表一种经济形态的程度。

2. 对美国新经济的认识

专家学者们在描述美国经济的诸多新现象时，根据自身知识结构和偏好，使用了不同分析方法，产生了不同的认识。因此，不同专家对新经济的定义、发展现状及其未来趋势有着非常不同的判断。总而言之，对新经济的观点可以分为三种。第一种观点可称为 OECD 报告派，即认为以美国为首的发达国家经济是一种新的知识经济形态。第二种观点可归纳为现象派，即认为美国经济只不过是出现了一些新的现象，要称为一种新的经济形态还为时尚早。第三种观点可归纳为形态派，即认为美国经济已经发生了本质变化，周期已经消失，经济增长的障碍已经消除，经济运行机制和方式都已经改变，资本和物质产品已经不重要，知识资本已经代替物质资本成为经济增长的核心要素，知本家代替了资本家。

3. 新经济在中国

"新经济" 这一概念早就引入中国，并出现在高层领导人的讲话中。什么是新经济，目前没有统一界定。新经济是新的经济现象？新的产业？新的动能？学术界并没有在理论上解决新经济的定义问题，争论一直存在。

目前我国关于新经济的研究内容也主要集中在对美国新经济的特征、形成的原因，美国新经济政策的作用及其对我国经济发展的影响这方面。刘树成等 (2000) 通过赴美国考察，探究了什么是新经济；探讨了新经济概念在美国提出时的宏观大背景；探讨了美国不同业界对新经济的不同理解和看法；从五个层面（技术层面和微观层面、市场运作层面、资金层面、政府层面、宏观经济层面）分析了以信息技术革命为主的新经济究竟"新"在哪里。刘崇仪（2001）结合美国经济的景气周期的情况，提出"新经济"是一种在现代社会化大生产条件下，以高新技术和现代金融为支撑的较为完善的市场经济模式，并探讨了美国"新经济"形成的原因，并对"新经济"做出了评价。李灵稚（2002）向我们阐述了新经济作为一种全新的经济技术样式，其对世界经济尤其是美国经济的发展所发挥的举足轻重的作用。欧阳小华等（2003）对美国新经济的特征及影响进行了分析。他认为新经济特征一是经济持续增长；二是"一高三低"并举现象（经济增长率较高，通货膨胀率低、失业率低、财政赤字占 GDP 比重低）；三是劳动生产率大幅度提高，企业国际竞争力增强。新经济给世界经济领域带来的影响主要有三点，一是新经济确立了今后世界经济发展的新方面——知识经济；二是美国新经济对传统经济理论提出了挑战；三是新经济对发展中国家来说既是一次新的机遇，也是一个严峻的挑战。彭小平（2006）通过对美国主要经济指标进行分析解释了美国的新经济形成的原因。

习近平总书记在 2014 年国际工程科技大会上的主旨演讲中表示，世界正在进入以信息产业为主导的新经济发展时期。李克强总理在博鳌亚洲论坛 2014 年年会开幕式上做主旨演讲时指出，各国要顺应全球新技术革命大趋势，推动以绿色能源环保、互联网等为重要内容的"新经济"发展。2016 年 3 月，第十二届全国人民代表大会第四次会议的《政府工作报告》中提到，"当前我国发展正处于这样一个关键时期，必须培育壮大新动能，加快发展新经济"。这是政府首次明确提出"新经济"，从而引发了广泛讨论。从背景来看，尽管其与十几年前美国新经济有相似之处，但内涵已有所不同。我国如今面临经济新常态，新经济是新常态下的"新经济"。

对当前"新经济"的理解可归纳为以下几种观点：一是认为"新经济"是由新技术革命带来的经济发展和增长的统称；二是认为"新经济"主要是建立在信息技术和其他高科技基础上的知识经济，知识成为经济中的重要生产要素；三是认为"新经济"等同于网络经济，互联网兴起带来的电子商务发展将改变世界经济生活；四是与虚拟经济相对应，有学者提出"新经济"就是由一系列新经济部门构成的实体经济。

综上，我们将新经济定义为由新技术革命带来的，建立在信息技术和互联网等高新科技基础上的，顺应经济发展趋势、符合产业发展方向、具有可持续增长潜力的一系列实体经济和虚拟经济的总称。

（二）新经济的内涵

李克强总理对新经济做了系列论述。李克强总理表示，"新经济"的覆盖面和内涵是很广泛的，它涉及第一、二、三产业，不仅仅是指三产中的"互联网+"、物联网、云计算、电子商务等新兴产业和业态，也包括工业制造当中的智能制造、大规模的定制化生产等，还涉及一产当中有利于推进适度规模经营的家庭农场，股份合作制，农村一、二、三产融合发展等。绿色能源环保、互联网是"新经济"发展的主要内容。要推动新技术、新产业、新业态加快成长，以体制机制创新促进分享经济发展，建设共享平台，做大高技术产业、现代服务业等新关产业集群，打造动力强劲的新引擎。要运用信息网络等现代技术，推动生产、管理和营销模式变革，重塑产业链、供应链、价值链，改造提升传统动能，使之焕发新的生机与活力。

由此可见，新经济"新"就新在同时强调了传统产业和新兴产业两方面的"新"，而不只涉及新技术、新产业、新业态、新模式。我们认为新经济的定义与内涵具有阶段性和地域性，应从全球经济发展趋势出发，结合我国发展实际，挖掘新经济发展内涵，确定新经济范畴。新经济是顺应经济发展趋势、符合产业发展方向、具有可持续较快增长潜力的经济业态，我们主要从这三个方面的特征来说明新经济的内涵并确定新经济的行业范畴。

1. 顺应经济发展趋势

新经济是在信息技术革命和制度创新基础上应运而生的，已经遍布各个领域，深刻影响着人们的生活，并将引领未来经济发展走势。中国未来的经济增长将伴随着两项转变：资本相对过剩，回报率降低；劳动力萎缩，人力资本上升。在这两项转变下，为了达到新的均衡，中国未来快速增长的行业必然放弃粗放的资本积累和低端人力投入，转而投入高端劳动力以及高科技。对此，我们根据 2010 年中国各行业投入产出表与第六次人口普查数据，选择劳动者报酬与营业盈余之和占增加值比重较大（大于 70%），劳动力平均受教育年限较长（大于 12 年）以及 R&D 强度较大（即 R&D 经费支出占主营业务收入的比重较大）的行业纳入新经济行业的大范围。

2. 符合产业发展方向

新经济符合产业发展方向的突出表现在于顺应中国现状与世界趋势，是市场需求与政府扶持相结合的产物。新经济所涉及产业不仅在中国得到了政策扶持，在整个世界范围内也正快速增长。对此，我们根据近年来国家出台的产业发展计划，寻求新经济范畴内涉及的主要产业、行业，以期明确中国新经济指数测算对象。

我国 2011 年出台了《国务院办公厅关于加快发展高技术服务业的指导意见》，该意见定义了信息服务、电子商务服务、检验检测服务、专业技术服务业中的高技术服务、研发设计服务、科技成果转化服务、知识产权及相关法律服务、环境监测及治理服务和其他高技术服务等9大类行业；我国2012年出台了《国务院关于加快培育和发展战略性新兴产业的决定》，该决定将节能环保、新一代信息技术、生物产业、高端装备制造、新能源、新材料、新能源汽车作为7大战略新兴产业；我国2015年出台了《中国制造2025》，将新一代信息技术产业、高档数控机床和机器人、航空航天装备、海洋工程装备及高技术船舶、先进轨道交通装备、节能与新能源汽车、电力装备、农机装备、新材料、生物医药和高性能医疗器械以及与之配套的生产性服务业定义为需要突破性发展的重点领域。我们将这些高技术服务业、战略性新兴产业以及需要突破性发展的重点领域所涉及的产业、行业等都纳入新经济范畴。

3. 具有可持续较快增长的潜力

可持续较快增长是新经济的应有之意。新经济与传统经济的重要区别，在于后者的增长将会受到经济环境转变的影响而趋缓，而前者更适应于经济环境的转变，拥有更大的潜力，增速保持相对较快且可持续。这样的增速反差会使得新经济在整个经济体中的占比逐渐提升，也从侧面体现出了"新经济"这一概念的必要性。对此，我们将在工业普查数据和经济普查数据中，寻找近年来增速较快的行业（增速在所有四位数代码行业中排名前10%）。

根据以上产业特点，我们按照从大类到小类、从产业到行业的细化原则，先确定新经济所涉及的主要产业，然后从中选取增速较快的行业。最终进入新经济行业范畴的有如下114个四位数代码行业，包括制造业与服务业，共分为10个类别（表4-1）。

表4-1　　　　　　　　　　新经济行业

| 行业类别 | 代码 | 行业类别 | 代码 |
|---|---|---|---|
| 一、节能环保业 | | 五、新能源产业 | |
| 环境保护专用设备制造 | 3 591 | 风能原动设备制造 | 3 415 |
| 环境监测专用仪器仪表制造 | 4 021 | 其他原动设备制造 | 3 419 |
| 金属废料和碎屑加工处理 | 4 210 | 炼油、化工生产专用设备制造 | 3 521 |
| 非金属废料和碎屑加工处理 | 4 220 | 制药专用设备制造 | 3 544 |
| 污水处理及其再生利用 | 4 620 | 配电开关控制设备制造 | 3 823 |
| 环境保护监测 | 7 461 | 光伏设备及元器件制造 | 3 825 |
| 生态监测 | 7 462 | 核力发电 | 4 413 |

表4-1(续)

| 行业类别 | 代码 | 行业类别 | 代码 |
|---|---|---|---|
| 水污染治理 | 7 721 | 风力发电 | 4 414 |
| 大气污染治理 | 7 722 | 工程勘察设计 | 7 482 |
| 固体废物治理 | 7 723 | 六、新材料产业 | |
| 危险废物治理 | 7 724 | 其他基础化学原料制造 | 2 619 |
| 放射性废物治理 | 7 725 | 氮肥制造 | 2 621 |
| 其他污染治理 | 7 729 | 合成橡胶制造 | 2 652 |
| 环境卫生管理 | 7 820 | 其他合成材料制造 | 2 659 |
| 二、新一代信息技术与信息服务产业 | | 隔热和隔音材料制造 | 3 035 |
| 计算器及货币专用设备制造 | 3 475 | 特种陶瓷制品制造 | 3 072 |
| 电子工业专用设备制造 | 3 562 | 七、新能源汽车产业 | |
| 计算机整机制造 | 3 911 | 气体压缩机械制造 | 3 442 |
| 计算机外围设备制造 | 3 913 | 汽车整车制造 | 3 610 |
| 通信系统设备制造 | 3 921 | 电车制造 | 3 640 |
| 通信终端设备制造 | 3 922 | 其他输配电及控制设备制造 | 3 829 |
| 光电子器件及其他电子器件制造 | 3 969 | 锂离子电池制造 | 3 841 |
| 工业自动控制系统装置制造 | 4 011 | 镍氢电池制造 | 3 842 |
| 固定电信服务 | 6 311 | 其他电池制造 | 3 849 |
| 移动电信服务 | 6 312 | 八、高技术服务与研发业 | |
| 其他电信服务 | 6 319 | 气象服务 | 7 410 |
| 有线广播电视传输服务 | 6 321 | 地震服务 | 7 420 |
| 无线广播电视传输服务 | 6 322 | 海洋服务 | 7 430 |
| 卫星传输服务 | 6 330 | 测绘服务 | 7 440 |
| 互联网接入及相关服务 | 6 410 | 能源矿产地质勘查 | 7 471 |
| 互联网信息服务 | 6 420 | 固体矿产地质勘查 | 7 472 |
| 其他互联网服务 | 6 490 | 水、二氧化碳等矿产地质勘查 | 7 473 |
| 软件开发 | 6 510 | 基础地质勘查 | 7 474 |
| 信息系统集成服务 | 6 520 | 地质勘查技术服务 | 7 475 |
| 信息技术咨询服务 | 6 530 | 工程管理服务 | 7 481 |

表4-1(续)

| 行业类别 | 代码 | 行业类别 | 代码 |
|---|---|---|---|
| 数据处理和存储服务 | 6 540 | 工程勘察设计 | 7 482 |
| 集成电路设计 | 6 550 | 规划管理 | 7 483 |
| 数字内容服务 | 6 591 | 自然科学研究和试验发展 | 7 310 |
| 呼叫中心 | 6 592 | 工程和技术研究和试验发展 | 7 320 |
| 其他未列明信息技术服务业 | 6 599 | 农业科学研究和试验发展 | 7 330 |
| 电子出版物出版 | 8 525 | 医学研究和试验发展 | 7 340 |
| 非金融机构支付服务 | 6 930 | 专业化设计服务 | 7 491 |
| 信用服务 | 7 295 | 农业技术推广服务 | 7 511 |
| 三、生物医药产业 | | 生物技术推广服务 | 7 512 |
| 化学药品原料药制造 | 2 710 | 新材料技术推广服务 | 7 513 |
| 化学药品制剂制造 | 2 720 | 节能技术推广服务 | 7 514 |
| 生物药品制造 | 2 760 | 其他技术推广服务 | 7 519 |
| 医疗诊断、监护及治疗设备制造 | 3 581 | 科技中介服务 | 7 520 |
| 医疗、外科及兽医用器械制造 | 3 584 | 其他科技推广和应用服务业 | 7 590 |
| 机械治疗及病房护理设备制造 | 3 585 | 九、金融服务与法律服务 | |
| 假肢、人工器官及植（介）入器械制造 | 3 586 | 金融租赁服务 | 6 631 |
| 四、高端装备制造产业 | | 金融信托与管理服务 | 6 910 |
| 液压和气压动力机械及元件制造 | 3 444 | 其他未列明金融业（包括互联网金融） | 6 990 |
| 齿轮及齿轮减、变速箱制造 | 3 452 | 律师及相关法律服务 | 7 221 |
| 海洋工程专用设备制造 | 3 514 | 其他法律服务 | 7 229 |
| 印刷专用设备制造 | 3 542 | 知识产权服务 | 7 250 |
| 纺织专用设备制造 | 3 551 | 十、文化、体育和娱乐业 | |
| 其他专用设备制造 | 3 599 | 电影和影视节目制作 | 8 630 |
| 铁路机车车辆及动车组制造 | 3 711 | 电影和电视节目发行 | 8 640 |
| 铁路机车车辆配件制造 | 3 713 | 电影放映 | 8 650 |
| 铁路专用设备及器材、配件制造 | 3 714 | | |
| 电气信号设备装置制造 | 3 891 | | |

## 二、新经济指数的构建

### （一）国内外关于新经济指数的研究

#### 1. 美国新经济指数

美国信息技术与创新基金会从 1999 年开始编制《美国新经济指数》，用以测算美国各州的新经济发展情况。目前已经形成 7 份报告，分别是 1999 年、2002 年、2007 年、2008 年、2010 年、2012 年以及 2014 年发布的 7 份《美国新经济指数》。报告中指出新经济是指网络化、全球化、高风险、能动的知识经济。与旧经济相比，新经济更加关注知识化、全球化、创业、IT 驱动、创新驱动。

#### 2. 中国新经济指数

国内对新经济指数的开创研究，是由北京大学中国区域经济研究中心主任、中国区域科学协会会长杨开忠教授和他的课题组在 2000 年推出的中国三十一省区市新经济指数，该指数使用的指标体系大体上与美国新经济指数一致，包含了以下五个方面：知识型职业、全球化、经济动态、向数字经济的转型、创新能力。然而，其具体包含的指标与美国新经济指标存在差异。随后，杨开忠和他的课题组推出了 2003 版中国三十一省区市新经济指数，与 2000 年的版本相比，该版在原有的五大类指标基础上增加了循环经济类指标，增加了竞争力方面的指标，对数字化经济类指标进行了调整，并且使用规模加权的方法进行了更为科学的评价。另外，该版对一些细节进行了调整，譬如就业人数的指标调整。

目前，由财新智库莫尼塔与大数据企业成都数联铭品科技公司（BBD）联合推出的"新经济指数"，利用大数据度量"新经济"在经济总量中的占比，其变化趋势反映了新经济相对于传统经济的活跃程度，是判断经济转型过程中新、旧经济消长的重要指标。

### （二）新经济指数指标体系的建立

#### 1. 指标构建

根据新经济的定义和内涵，对新经济指数指标体系的构建需要考虑以下几个方面：

（1）新经济的发展离不开良好的外部环境和必要的物质条件，包括人力资源、物质条件及科技创新意识。

（2）新经济的发展动力是人力、资本和技术的投入。

（3）新经济的产出包括新经济行业产出水平及成果的市场化程度。

（4）新经济的发展是为了提高产业化收益、促进技术进步、促进经济发展方式的转变、促进环境的改善和社会生活信息化水平的提高。

在此基础上，新经济指数指标体系的构建参考了美国信息技术和创新基金会（ITIF）发布的《2014 美国各州新经济指数》报告指标体系、硅谷指数等国际知名新经济和创新指数体系，以及国内的财新智库 BBD 新经济指数、全国科技进步统计监测及综合评价课题组从 1997 年开始发布的年度《全国科技进步统计监测报告》，结合"三新"专项统计报表制度制定了新经济指标体系。

2. 指标确定的原则

在设计新经济指标体系的过程中，必须遵循指标体系设计的一般原则。在众多的经济指标中，选择能够全面反映新经济发展的统计指标。

（1）全面性。新经济内涵外延广，不仅涉及投入和产出，还涉及新经济对整个经济社会的效益影响。应最大限度地吸收政府统计指标体系改革增设的、与新经济有关的新指标。

（2）公开性。均为公开发布的统计指标，便于社会各界进行核查和索引。

（3）标准化。均为以国家统计标准计算的统计指标，不采用以部门统计标准或地方统计标准计算的统计指标，以保证指标口径的一致性。

（4）简洁化。在由基础指标形成三级指标的过程中，尽可能遵守统计规范，即使用规范的指标名称、规范的合成方法，不采用修匀方法平滑，以真实反映指标值的变化。

3. 理论指标框架

新经济指数指标体系共由 4 个一级指标、13 个二级指标和 60 个三级指标组成（表 4-2）。

（1）新经济发展环境。

新经济发展环境包括人力资源、物质条件和科技创新意识三个方面。

"人力资源"由"万人 R&D 人员数""万人大专以上学历人数""铁路人口流入系数""航班人口流入速度"这 4 个指标构成。

"物质条件"由"每名 R&D 人员仪器和设备支出""万人科技企业孵化器数量""万人科技企业孵化器占地面积""新经济行业新增固定资产比重"这 4 个指标构成。

"科技创新意识"包括"万名就业人员专利申请数"和"有 R&D 活动的企业比重"两个指标。

（2）新经济投入。

新经济投入包括人力投入、资本投入和科技投入三个方面。

"人力投入"由"每万名就业人员 R&D 研究人员全时当量""新经济行业就业人员比重""新经济行业岗位需求比重""新经济行业平均工资比较系数"这 4 个指标构成。

"资本投入"由"新经济行业在孵企业获得财政资助比重""新经济行业在孵企业获得风险投资比重""新经济行业风险投资比例""新经济领域招标比例""申请新三板新经济企业注册资本比例""新经济行业新增公司注册资本比例"这6个指标构成。

　　"科技投入"由"新经济行业企业 R&D 研究人员比重""新经济行业科研人员招聘比例""R&D 经费与 GDP 之比""R&D 经费与主营业务收入之比""地方财政科技支出占地方财政支出比重""企业技术获取和技术改造经费支出占企业主营业务收入比值"这6个指标构成。

　　（3）新经济产出。

　　新经济产出包括产出水平和成果市场化两个方面。

　　"产出水平"由"新经济行业增加值占生产总值比重""高技术制造业增加值占工业增加值比重""文化及相关产业增加值占生产总值比重""工业战略性新兴产业总产值占工业总产值比重""新服务企业营业收入占全部企业营业收入比重""高技术服务业主营业务收入占服务业主营业务收入比重""新经济行业出口额占出口总额比重""获国家级科技成果奖系数""万人发明专利拥有量"这9个指标构成。

　　"成果市场化"由"万人吸纳技术成交额""万元生产总值技术国际收入""新经济行业出口额占出口总额比重""新产品销售收入占主营业务收入比重"这4个指标构成。

　　（4）新经济成效。

　　新经济成效包括产业化收益、技术进步、经济发展方式转变、环境改善和社会生活便利化五个方面。

　　"产业化收益"由"新经济行业劳动生产率""新经济行业增加值率""知识密集型服务业劳动生产率"这3个指标构成。

　　"技术进步"由"新经济行业专利数比例""新经济行业专利转化率""万名就业人员专利数""科技进步贡献率"这4个指标构成。

　　"经济发展方式转变"由"GDP 与固定资产投资之比""居民人均可支配收入与人均 GDP 之比""工业企业总资产贡献率""全社会劳动生产率""资本生产率""单位 GDP 能耗降低率""主要污染物排放总量降低率""综合能耗产出率"这8个指标构成。

　　"环境改善"由"环境质量指数"和"环境污染治理指数"这2个指标构成。

　　"社会生活便利化"由"万人国际互联网上网人数""网购替代率""电子商务交易平台提供的商品或服务金额与最终消费之比""互联网消费金融贷款余额与人民币贷款余额之比"这4个指标构成。

表4-2

## 中国新经济指数指标体系

| 一级指标 | 二级指标 | 序号 | 三级指标 | 单位 | 来源 | 指标说明 |
|---|---|---|---|---|---|---|
| 新经济发展环境 | 人力资源 | 1 | 万人R&D人员数 | 人/万人·年 | CSTP[①] | 参与R&D项目研究、管理和辅助工作的人员 |
| | | 2 | 万人大专以上学历人数 | 人/万人 | CSTP | |
| | | 3 | 铁路人口流入系数 | % | 财智BBD | 通过铁路的流入人口与该城市存量人口的比例 |
| | | 4 | 航班人口流入系数 | % | 财智BBD | 通过飞机的流入人口与该城市存量人口的比例 |
| | 物质条件 | 5 | 每名R&D人员仪器和设备支出 | 万元/人·年 | CSTP | 《中国科技统计年鉴》中研究与开发机构、工业企业、高等学校R&D经费内部支出中的仪器和设备支出之和，除以R&D活动人员数 |
| | | 6 | 万人科技企业孵化器数量 | 个/万人 | 参考三新 | |
| | | 7 | 万人科技企业孵化器占地面积 | 平方米/万人 | 参考三新 | |
| | | 8 | 新经济行业新增固定资产比重 | % | 参考CSTP | |
| | 科技创新意识 | 9 | 万名就业人员专利申请数 | 件/万人 | CSTP | |
| | | 10 | 有R&D活动的企业比重 | % | CSTP | |

① CSTP是指全国科技进步（China Science & Technology Progress）。

表4-2（续）

| 一级指标 | 二级指标 | 序号 | 三级指标 | 单位 | 来源 | 指标说明 |
|---|---|---|---|---|---|---|
| 新经济投入 | 人力投入 | 11 | 每万名就业人员R&D研究人员全时当量 | 人万人·年 | 三新、CSTP | |
| | | 12 | 新经济行业就业人员比重 | % | 参考财智BBD | |
| | | 13 | 新经济行业岗位需求比重 | % | 参考财智BBD | 新经济行业企业岗位招聘需求数量与当地各行业招聘需求总和的比例 |
| | | 14 | 新经济行业平均工资比较系数 | % | CSTP、财智BBD | （新经济行业平均工资/地区全社会平均工资）×（新经济行业平均工资/全国新经济行业平均工资） |
| | 资本投入 | 15 | 新经济行业在孵企业获得财政资助比重 | % | 参考三新 | |
| | | 16 | 新经济行业在孵企业获得风险投资比重 | % | 参考三新 | |
| | | 17 | 新经济行业风险投资比例 | % | 财智BBD | 已公开新经济行业企业获风险投资总额占所有企业获风险投资总额的比重 |
| | | 18 | 新经济领域招标比例 | % | 财智BBD | 主要招标网站新经济行业项目招标个数占所有行业招标项目个数比例 |
| | | 19 | 申请新三板新经济企业注册资本比例 | % | 财智BBD | 申请新三板新经济企业注册资本总额占所有企业注册资本总额比例 |
| | | 20 | 新经济行业新增公司注册资本比例 | % | 财智BBD | 新经济行业新增公司注册资本总额占所有新增公司注册资本总额比重 |

表4-2（续）

| 一级指标 | 二级指标 | 序号 | 三级指标 | 单位 | 来源 | 指标说明 |
|---|---|---|---|---|---|---|
| 新经济投入 | 科技投入 | 21 | 新经济行业企业R&D研究人员比重 | % | 参考CSTP | 新经济行业企业R&D研究人员占全社会R&D研究人员比重 |
| | | 22 | 新经济行业科研人员招聘比例 | % | 财智BBD | |
| | | 23 | R&D经费与GDP之比 | % | CSTP | 反映科技投入强度 |
| | | 24 | R&D经费与主营业务收入之比 | % | 三新、CSTP | |
| | | 25 | 地方财政科技支出占地方财政支出比重 | % | CSTP | |
| | | 26 | 企业技术获取和技术改造经费支出占企业主营业务收入比值 | % | CSTP | |
| 新经济产出 | 产出水平 | 27 | 新经济行业增加值占生产总值比重 | 篇/万人 | CSTP | |
| | | 28 | 高技术制造业增加值占工业增加值比重 | % | 三新 | |
| | | 29 | 文化及相关产业增加值占生产总值 | % | 三新 | |
| | | 30 | 工业战略性新兴产业总值占工业总产值比重 | % | 参考三新 | |
| | | 31 | 新服务企业营业收入占全部企业营业收入比重 | % | 参考三新 | |

表4-2（续）

| 一级指标 | 二级指标 | 序号 | 三级指标 | 单位 | 来源 | 指标说明 |
|---|---|---|---|---|---|---|
| 新经济产出 | 产出水平 | 32 | 高技术服务业主营业务收入占服务业主营业务收入比重 | % | 参考三新 | |
| | | 33 | 新经济行业出口额占出口总额比重 | % | 参考三新 | |
| | | 34 | 获国家级科技成果奖系数 | 项当量/万人 | CSTP | 需研究计算 |
| | | 35 | 万人发明专利拥有量 | 件/万人 | CSTP | |
| | | 36 | 万人吸纳技术成交额 | 万元/万人 | CSTP | |
| | | 37 | 万元生产总值技术国际收入 | 美元/万元 | CSTP | 通过向他国国转让专利、非专利发明、商标等知识产权，提供R&D服务和其他技术服务而获得的国际收入 |
| | 成果市场化 | 38 | 新经济行业出口额占出口总额比重 | % | 参考三新 | |
| | | 39 | 新产品销售收入占主营业务收入比重 | % | CSTP | 新产品销售收入是按照国家统计局规模以上工业企业科技活动统计指标中新产品定义统计的销售收入，与主营业务收入比较可以反映新产品较之原有产品的改进 |
| 新经济成效 | 产业化收益 | 40 | 新经济行业劳动生产率 | 万元/人 | 参考CSTP | |
| | | 41 | 新经济行业增加值率 | % | 参考CSTP | |
| | | 42 | 知识密集型服务业劳动生产率 | 万元/人 | CSTP | |
| | 技术进步 | 43 | 新经济行业专利数比例 | % | 财智BBD | 新经济行业新增发明与实用新型专利比例 |
| | | 44 | 新经济行业专利转化率 | % | 财智BBD | 新经济行业发明专利流转频次比例 |
| | | 45 | 万名就业人员专利数 | 件/万人 | CSTP | |
| | | 46 | 科技进步贡献率 | | 三新 | |

表4-2（续）

| 一级指标 | 二级指标 | 序号 | 三级指标 | 单位 | 来源 | 指标说明 |
|---|---|---|---|---|---|---|
| 新经济成效 | 经济发展方式转变 | 47 | GDP与固定资产投资之比 | % | 三新 | |
| | | 48 | 居民人均可支配收入与人均GDP之比 | % | 三新 | |
| | | 49 | 工业企业总资产贡献率 | % | 三新 | |
| | | 50 | 全社会劳动生产率 | 万元/人 | CSTP | 生产总值与就业人员之比 |
| | | 51 | 资本生产率 | 万元/万元 | CSTP | 生产总值与资本投入之比，固定资本形成存量净额（永续盘存法） |
| | | 52 | 单位GDP能耗降低率 | % | 三新 | |
| | | 53 | 主要污染物排放总量降低率 | % | 三新 | |
| | | 54 | 综合能耗产出率 | 元/千克标准煤 | CSTP | |
| | 环境改善 | 55 | 环境质量指数 | % | CSTP | 城市空气达到二级以上天数比率×0.6+肺水肿化学需氧量排放达标率×0.2+二氧化硫排放达标率×0.2 |
| | | 56 | 环境污染治理指数 | % | CSTP | 单位工业增加值用水量降低率×0.4+肺水肿氨氮排放达标率×0.3+固体废物综合治理率×0.3 |
| | 社会生活便利化 | 57 | 万人国际互联网上网人数 | 人/万人 | CSTP | |
| | | 58 | 网购替代率 | % | 三新 | |
| | | 59 | 电子商务交易平台提供的商品或服务金额与最终消费之比 | % | 参考三新 | |
| | | 60 | 互联网消费金融贷款余额与人民币贷款余额之比 | % | 参考三新 | |

（三）评价方法

1. 评价方法的选择

新经济指数评价方法采用综合评价法中的指数法，各级监测值均可称为"指数"。计算方法如下：

①将各三级指标除以相应的标准（基准值），得到三级指标的监测值，即为三级指标相应的指数，计算方法为：

$$s_{ijk} = \frac{x_{ijk}}{x_{..k}} \times 100\%$$

其中，$x_{ijk}$ 为第 $i$ 个一级指标下、第 $j$ 个二级指标下的第 $k$ 个三级指标；$x_{..k}$ 为第 $k$ 个三级指标相应的标准值。当 $s_{ijk} \geq 100$ 时，取 100 为其上限值。

②二级指标监测值（二级指数）由三级指标监测值加权综合而成，即：

$$s_{ij.} = \sum_{k=1}^{n_j} w_{ijk} s_{ijk}$$

其中，$w_{ijk}$ 为各三级指标监测值相应的权数；$n_j$ 为第 $j$ 个二级指标下设的三级指标的个数。

③一级指标监测值（一级指数）由二级指标监测值加权综合而成，即：

$$s_{i..} = \sum_{j=1}^{n_i} w_{ij.} s_{ij.}$$

其中，$w_{ij.}$ 为各二级指标监测值相应的权数；$n_i$ 为第 $i$ 个一级指标下设的二级指标的个数。

④总监测值（总指数）由一级指标加权综合而成，即：

$$s = \sum_{i=1}^{n} w_{i..} s_{i..}$$

其中，$w_{i..}$ 为各一级指标监测值相应的权数；$n$ 为一级指标个数。

2. 基准值的确定

应综合考虑目前我国新经济的总水平和先进地区的发展水平，并参照发达国家新经济发展的状况，制定一套较为系统的基准值。

**三、后续研究方向**

当下对新经济的认识还不是很成熟，国内外学者对新经济的界定并未达成一致，况且新经济又是一个动态的概念，其内涵、外延都在不断变化，特别是在现在信息技术加速发展的态势下，许多原来是新经济的现象已经成为传统，新经济不断变化涌现，很难对其外延、规模等做出准确的判定。本书构造的新经济指数所使用的指标体系是基于已有的研究，初步地对新经济涉及的行业进行界定，接着从新经济的投入、产出和成效出发，构建比较综合全面的指标体系。由于新经济概念尚未有官方的界定，我国现有的国民经济核算体系中，并没有单独对新经济行业进行核算，所以目前数据获取有一些困难。但是可以参照财智 BBD 的做法，利用大数据技术获取一些可替代的指标进行新经济指数的测算。本书在这方面还有待加强。

新经济企业量大面广，发展变化块，而且与互联网密不可分，传统的统计方法难以适应。新经济统计是一个未知的领域，没有经验和模式可以借鉴。根据国家统计局"三新"专项统计调查工作的开展，我国各地区"三新"及新经济统计工作正在全面有序推进。在这一过程中，可以根据实际，适当调整指标体系，建立更完善、更科学、更加符合国情的新经济指数，并使用政府部门的统计数据对新经济指数进行测算、分析。

## 第二节　对创新创业发展的探索

2014 年 9 月 10 日夏季达沃斯论坛开幕式上，国务院总理李克强提出"中国永远做开放大国、学习大国、包容大国。从中国国情出发，努力建设成为一个创新大国。要借改革创新的'东风'，推动中国经济科学发展，在 960 万平方千米的土地上掀起'大众创业''草根创业'的新浪潮，形成'万众创新''人人创新'的新态势"。2014 年 12 月 3 日国务院常务会议上，总理又提出"要通过政府放权让利的'减法'，来调动社会创新创造热情的'乘法'。中国经济要转型升级，向中高端迈进，关键是要发挥千千万万中国人的智慧，把'人'的积极性更加充分地调动起来"。2014 年 11 月 20 日首届世界互联网大会，总理再一次提倡要"促进互联网共享共治，推动大众创业万众创新"。2015 年 3 月 3 日至 3 月 15 日全国两会上，李克强总理在政府工作报告中指出要把"大众创业、万众创新"打造成推动中国经济继续前行的"双引擎"之一。

李克强总理说："打造大众创业、万众创新和增加公共产品、公共服务'双引擎'，推动发展调速不减势、量增质更优，实现中国经济提质增效升级。"一方面，只有通过万众创新，才能创造出更多的新技术、新产品和新市场，也就才能提高经济发展的质量和效益；另一方面，只有通过大众创业，才能增加更多的市场主体，才能增加市场的动力、活力和竞争力，从而成为经济发展的内在原动力引擎。

对此，国务院和四川省政府相继出台了多项推动"大众创业、万众创新"发展的相关文件，在此背景下，做好四川"大众创业、万众创新"统计监测制度研究，测算双创发展指数，动态监测四川双创发展情况、成效与问题，掌握发展特色和趋势，对评价四川各地双创发展水平和引擎作用，推动四川双创健康发展具有重要的现实意义。

本书以评价四川省各市（州）推进"大众创业、万众创新"的基础、潜力及工作成效为目标，在梳理若干国内、国际创业创新评估指标体系的基础上，构建了"四川大众创业、万众创新统计监测指标体系"。本书依托基于政府统计数据、部门数据和调查数据构建的数据库，从财政支持、金融支撑、税收支持、市场活力、人力资源等方面反映双创工作，测度双创发展，并以此作为基础评价各地区双创工作的推进成效，作为考核各地区双创工作的参考依据。

## 一、双创的定义与内涵

### 1. 国外研究综述

随着创新创业理论与实践的不断完善，创新创业评估研究也日益丰富。本书对创新和创业相关的国际认知度较高、应用范围较广的部分相关研究进行综述。

全球创业观察（Global Entrepreneurship Monitor，GEM）系列报告是由美国巴布森商学院、智利发展大学、马来西亚敦阿都拉萨大学等机构联合赞助发行的年度报告。GEM 测度的经济体已由 1999 年的 10 个增加至 100 个。2014 年 GEM 通过调研 73 个经济体中的 20 600 个个人和 3 936 位专家得到观察数据，样本表征世界人口的 72.4%，全球 GDP 的 90%。报告从属性、愿景、态度、认知和意图五个方面测度研究主体的创业行为，以期成为创业研究领域中最权威、最翔实的全球化创业研究报告。

全球创业与发展指数（Global Entrepreneurship and Development Index）自 2015 年起更名为全球创业指数（Global Entrepreneurship Index）。全球创业指数自 2010 年起每年由全球创业发展研究所（Global Entrepreneurship and Development Institute，GEDI）以报告形式发布。全球创业指数，通过定性定量相结合的方法，对全球 71 个（2010 年报告）国家的商业模式进行测度。随后，全球创业指数的研究对象不断增加，2015 年报告中已增加至 130 个国家。研究的外延与内涵不断扩展与完善。2015 年报告中进一步明确，全球创业指数以测度国家创业生态系统的效率为目标，并试图探索阻碍创业生态系统形成与发展的因素。全球创业指数在提供全球排名的基础上，进一步分析区域排名，为政策制定者进行比较监督提供科学支撑。GEDI 在确定创业定义的基础上，基于 4 项基本原则构建了由 3 个一级指标、14 个二级指标和 28 个三级指标构成的全球创业指数指标体系。这 4 项基本原则包括：指标应复杂化，以捕捉创业的多维特征；指标应体现差异性；指数属性二重性，包括个体层面和机构层面指标；指数数据可获得性。

考夫曼创业活动指数（Kauffman Index：Startup Activity）每年通过指数报告的形式发布，系列报告由考夫曼基金会赞助发行。考夫曼基金会自 1996 年起每年发布关注美国境内创业活动情况的考夫曼创业活动指数报告。考夫曼创业活动指数是美国境内首个利用大规模数据，从城市、州和国家三个视角追踪分析创业活动的指数。2015 年发布的指数报告中，考夫曼创业活动指数由 3 个指标构成，分别为新增企业家、机会型创业和创业密度。

全球创新指数（Global Innovation Index，GII）是从全球视角出发，系统评估多个经济体的创新效率，由康奈尔大学、欧洲工商管理学院和世界知识产权组织（WIPO）的研究团队合作设计和构建的全球创新指数。全球创新指数自 2007 年起以报告的形式发布，每年一期。全球创新指数指标体系由 2 个一级指标、7 个二级指标、21 个三级指标和 81 个四级指标构成。其中，从创新机制、人力资本与研发、基础设施、市场成熟度和企业成熟度 5 个角度测量创新投入，从知识和技术产出、创意性产出 2 个角度测量创新产出。全球创新指数报告中将创新投入和创新产出指标值的平均值定义为全球创新指数值，将创新产出与创新投入的比值定义为创新效率。2014 年的报告使用 81 个指标评估了全球 143 个经济体的创新效率，测量范围覆盖全球 92.9% 的人口和 98.3% 的 GDP。

欧盟创新指数（Summary Innovation Index，SII）是评估欧盟成员创新表现、总结创新研究系统优劣势的定量指标，随《欧盟创新能力记分板》系列报告发表。经过不断的修正和改进，人们最终于 2014 年确定了欧盟创新指数指标体系。指标体系由从动力、企业活动和产出 3 个维度构成，其中，通过人力资源、研究体系和财政支持 3 个角度评价创新动力，通过企业投入、企业合作和企业资产 3 个角度评价企业活动，通过创新行动和经济效率 2 个角度评估创新产出，共包含 25 个次级指标。

全球知识竞争力指数（World Knowledge Competition Index）自 2002 年起由英国的罗伯特·哈金斯协会不定期发布。2008 年该指数以全球 145 个主要都市（圈）作为评估对象，测定这些区域的知识竞争力指数并据此排定名次。

指标体系由人力资源、知识资本、区域经济产出、金融资本、知识可持续性发展能力5个维度下的19个指标构成。

2. 国内研究综述

双创指数研究作为研究创业创新发展程度的重要手段，日益引起国内研究机构、学者和政府部门的重视。目前，我国创业指数的研究主要侧重于创业环境或活跃程度等层面，指数的设计未能反映出社会创新投入对创业行为的潜在影响，如西南交通大学创业创新研究中心构建的《中国大众创业指数》是第一个反映大陆各省域大众创业活跃度、创业环境优化度、创业产出定量化的综合性指标，为创业者提供了地理定位参考；而创新指数的研究则多集中于国家或省级层面，难以适用于对中观区域如地级市"大众创业、万众创新"环境的综合评价，如中国科学院大学中国创业创新管理研究中心以区域创新体系理论为指导，运用中国科技发展战略研究小组多年形成的评价方法，利用大量的研究统计数据，对各省（自治区、直辖市）的创新能力进行了分析比较。

对于"双创"的综合评价，国务院2015年曾专门委托中国科协就各地"推进'大众创业、万众创新'政策措施落实情况"开展第三方调研，目的就在于对各地落实双创政策的情况给予全面客观的评价，也足以看出国家对相关研究的重视程度。目前已知的"双创"综合指数研究成果有：北京市社会科学院、中关村创新发展研究院、北京方迪经济发展研究院3家第三方智库机构联合编制的"中关村指数2015"，旨在通过指数形式来度量、刻画、把握中关村最新发展情况和未来走势，同时也为社会各界了解中关村提供了平台和窗口。"中关村指数2015"从创新环境、创新能力、产业发展、企业成长、辐射带动、国际化6个维度构成指标体系，并以2008年为基期，测算合成综合指数，从多个方面刻画中关村创新发展的新特点、新趋势。

36氪网联合中国经济研究院、中国科学院大学大数据挖掘与知识管理重点实验室共同编制了中国创新创业指数（双创指数），对中国300余座城市创新创业现状的动态指数进行了评估。该指数是目前中国覆盖范围最广、城市最多的双创指数，包括环境、人才、资本、健康度、活跃度等多项指标组合，其将定期发布。其中，舆情指数是根据各种新闻媒体对地区创新创业相关的报道曝光量计算的，人才指数是根据高新行业人才招聘需求与当地高学历人才比例计算的，资本指数是综合创业公司融资情况与地区投资基金概况得出的，市场健康度指数是综合创业公司相关产品的发展状况融合得出的，活跃度指数是根据高新行业新增工商注册与新提交创业项目计算的。该指数是反映全国各地省市县创新创业进展的实时动态指数数据，能在一定程度上反映各地创新创业成果及效果。

清华大学启迪创新研究院连续六年发布《中国城市创新创业环境排行榜》和《中国城市创新创业环境评价研究报告》。《2015年中国城市创新创业环境排行榜》围绕"政府支持""产业发展""人才环境""研发环境""金融支持""中介服务""市场环境""创新知名度"八项一级指标展开。为了更精确地反映当下创新环境的影响因素，提高统计数据的准确性与完整性，新年度的指标体系对三级指标做了部分调整，统计了我国大陆地区100个地级以上城市（含直辖市），对深圳、上海、贵阳、郑州等在创新创业环境发展方面具有代表性的城市开展专题研究。年度主题报告聚集全球创新网络化发展给中国"创新驱动发展"带来的新机遇，同时围绕研发经济、科技金融、创业孵化器服务标准等5个专题深入解析当前影响中国城市创新创业环境的热点问题。这对指导各地政府、企业及个人践行"大众创业、万众创新"具有一定的参考价值。

北京市统计局在国务院和北京市政府出台推动双创发展文件的背景下，结合国内外创新创业相关理论和北京双创发展实际研究建立了北京大众创业、万众创新统计监测指标体系，以双创环境、双创资源、双创活力、双创成效为主体架构，设置了28个重点监测指标。应在指标选取方面，用政府政策与服务、企业认知等体现双创环境；用科技成果、资金、人才供给等体现双创资源；用新创办企业、创业孵化培育、创客活动、网络创业等体现双创活跃度；用新产业新业态发展、创造新知识和新产品能力、高新技术企业发展等体现双创成效与作用。监测结果用综合指数体现，加权平均计算。

2016年国家信息中心大数据创新创业（成都）基地和《每日经济新闻》联合编制发布了成都"双创指数"，其主要是对成都市创新创业现状的动态化指标评估，是反映社会创新创业发展情况的综合指标体系，是基于大数据建立的。在指数内容上，指标体系选取了与双创工作关联度最大的五个影响因素，形成了五个一级指标，分别是关注指标、科技指标、人才指标、经济指标和环境指标。五个一级指标及其下面的各个细分指标，可以全面地反映各个领域、各个行业、各个层级的创新、创业情况，并且可以分析变化原因和变化趋势。通过比较各因素变化情况，还可以分析出各因素之间的关联关系。据悉，这也是成都首次发布双创指数，并且通过数据的收集与计算，可以实现按月发布，通过结果数据的积累，可以实现历史与现在的纵向对比。双创指数对成都的创新创业活动进行系统分析，量化评估成都的创新工作进展和创业成果，对成都的创新创业能力进行综合分析、比较和判断，对政府下一步坚持问题导向，更好地制定、落实双创政策，充分激活全社会双创活力，具有较强的借鉴参考作用。

综合国内外研究现状可知，国外对创业、创新指数的研究开始较早，有较强的研究团队和技术支持，但大多数研究都是将创业和创新分开的，对两者综合的研究较少。国内对创新、创业的研究起步较晚，大多是在双创相关政策文件出台后开始实施或进行关注的，研究周期较短，指标体系差异较大，数据搜集难度较高等问题突出。因此，应结合四川"双创"发展环境实际，充分考虑指标的代表性、数据的可获取性及计算上的可操作性，构建一套四川双创评价指标体系，探索合理高效的双创统计监测方法，对四川各地双创发展情况进行监测，测算各地双创发展指数，客观分析四川双创发展的特点和存在的问题，为推动四川双创健康发展提供重要参考。

**二、双创的界定**

1. 创新的内涵

熊彼特在《经济发展理论》一书中首次提出了"创新"概念，并认为"创新是一个过程"，是将新的概念通过新产品、新制程或者新的服务方式传递到市场中，进而创造新的价值的一种过程 。2012 年 7 月党中央国务院召开的全国科技创新大会提出要实施创新驱动发展战略，随后明确写入党的十八大报告。

从创新的整体导向来看，在"双创"背景下，中国特色的创新首先要以人为本，发展依靠人民并让广大人民分享发展的成果。一方面要通过产品和服务的创新来满足消费的需要，另一方面要与就业优先战略相匹配，充分发挥人力资源优势。另外，要坚持绿色生态，因绿色生态有利于资源节约和环境保护。产业结构和产业布局应立足于循环经济模式，生产工艺应立足于清洁生产方式，实现环境友好。要坚持信息化发展带动战略，在创新过程中运用信息技术，分享创新信息、节约创新资源、缩短创新周期、推进协同创新。

从创新的四个维度来看，创新可以分为以下四种类型：

（1）产品创新——组织提供的东西（产品或服务）的变化；

（2）流程创新——产品和服务的生产和交付方式的变化；

（3）定位创新——产品和服务进入市场的环境的变化；

（4）范式创新——影响组织业务的潜在思维模式的变化。

2. 创业的内涵

关于创业的定义，国内外目前尚未形成统一的观点。熊彼特（1934）赋予创业者以"创新者"的形象，认为创业者的职能就是实现生产要素新的组合，创业是实现创新的过程，创新是创业的本质和手段。Shane 和 Venkataraman（2000）提出的定义已经得到越来越多的认同，他们认为创业就是发现和利用可图的机会。近年来 Michael 的观点很具有代表性，他认为创业是创造新的企业，而创新是在市场中应用一种发明；创业是一个新的非生命市场参与者的创造过程（新的商业的诞生）。多数学者认为创业不仅仅局限于创办新企业的活动，即使在现有企业中也存在着创业行为。

我们认为，创业是指一个人发现和捕捉机会并由此创造出新产品或服务的过程，主要标志和特征是创建新企业或新的组织。但创业也不仅仅局限于创办新企业的活动，在现有企业中也存在创业行为。创业者既可以指新创企业的创办人，也可以指现有企业中的具有创新精神的企业家。

结合"双创"的提出背景，以及本课题的可实施性，我们尽量把创业与创新分离开来，将创业界定为：

（1）在工商部门或行政部门注册企业或者组织的行为。

（2）创建新企业的过程，新组织产生的过程。

（3）在已建企业或新建立的企业中创造或者革新产品、服务的事件。

### 三、双创指标体系的构建

（一）构建原则

为了客观地反映双创发展情况，需要在遵循一定原则的前提下，建立双创发展综合评价指标体系来分析地区双创发展实力。为了较为科学、全面、系统地评价四川省双创发展状况，本书在遵循全面性、可比性、可行性和科学性等原则的前提下，构造了多层次的指标体系。一般来说，建立双创综合评价指标体系应该遵循以下原则：

1. 科学性原则

科学性原则是客观反映双创发展水平的必要条件，是指指标选择要科学，指标界定要清晰，处理方法要有科学依据。指标选择以双创发展的有关理论为基础，指标权重的确定、计算与合成以定量分析方法为依据。

### 2. 全面性原则

全面性原则是指指标体系必须综合、全面反映地方双创发展的各个方面，各指标之间具有层次性和不重复性。要使用尽量少的指标完成综合评价的任务，每个指标的选取力求能够综合反映双创发展水平，而不仅仅反映双创发展的一个局部或具体方面。

### 3. 可比性原则

可比性原则是指要选择含义明确、口径一致的监测评价指标，主要包括纵向可比和横向可比。纵向可比是指双创发展在时间上的动态比较；横向可比则是在各地之间按综合评价进行总排序和单项指标间的比较，以说明双创发展总体状况、水平和分布情况，以及各项指标的对比情况。

### 4. 可操作性原则

可操作性原则是指指标体系应是简易性和复杂性的统一，注重实用性。要充分考虑数据取得和指标量化的难易程度，既保证全面反映双创发展的各种内涵，又要便于操作。要尽量利用现有统计资料及有关规范标准，在不失其完整性的前提下尽量少而精简，使资料易取得、方法易掌握，从而发挥其对实际工作的指导作用。

### 5. 动态性原则

双创发展是一个动态过程，指标的建立应考虑变化特点。可以根据不同阶段的特点，设计相应的指标量化目标值，使得指标体系既能够反映各地区双创发展的历史特点和现状，又能够反映发展的趋势，以便预测和管理。

### 6. 绝对指标和相对指标相结合的原则

从统计分析的角度出发，每个统计指标都只反映某一个侧面的内容。绝对指标反映的是总量、规模等；相对指标反映的则是速度、结构、比率等。结合两类指标进行分析，可以较准确地反映各地区双创发展的实际情况。

### （二）双创发展评价指标体系

根据指标体系的构建原则，最终建立的四川大众创业、万众创新发展评价指标体系具体包括双创环境、双创活力、双创投入、双创产出四个一级指标和企业研发费用加计扣除减免幅度等27个二级指标。

四川大众创业、万众创新发展评价指标体系如表4-3所示。

表 4-3　　　　　四川大众创业、万众创新发展评价指标体系

| 一级指标 | | 二级指标 | 单位 | 数据来源 |
|---|---|---|---|---|
| 双创环境 | 1 | 企业研发费用加计扣除减免幅度 | % | 省统计局 |
| | 2 | 高新技术企业减免税幅度 | % | 省统计局 |
| | 3 | 本级（本部门）财政支持创新创业资金总量占财政支出比重 | % | 省财政厅 |
| | 4 | 单位创新创业引导基金募集规模 | 亿元 | 省财政厅 |
| | 5 | 万人大专以上学历人数（15 岁以上） | 人 | 省统计局 |
| | 6 | 万人发明专利拥有量 | 件 | 省知识产权局 |
| | 7 | 中小微企业融资规模增速 | % | 中国人民银行、省金融工作局 |
| | 8 | 孵化载体指数 | % | 省科技厅 |
| 双创活力 | 9 | 工商注册登记市场主体数量增速 | % | 省工商局 |
| | 10 | 四众平台企业活跃度 | % | 省统计局 |
| | 11 | 创投企业活跃度 | % | 省工商局、省股权与创业投资协会 |
| | 12 | 在孵企业活跃度 | % | 省科技厅 |
| | 13 | 创新企业占比 | % | 省统计局 |
| | 14 | 高新技术企业占比 | % | 省科技厅 |
| | 15 | 创业板、新三板、四板挂牌企业数量增速 | % | 省金融工作局 |
| 双创投入 | 16 | R&D 经费支出占 GDP 比重 | % | 省统计局 |
| | 17 | 高技术产业（制造业）企业 R&D 投入强度 | % | 省统计局 |
| | 18 | 工业企业创新投入强度 | % | 省统计局 |
| | 19 | 科技活动人员数量增速 | % | 省统计局 |
| | 20 | 四众平台企业从业人员增速 | % | 省统计局 |
| | 21 | 创新创业人才数量增速 | % | 省人才办、省人社厅 |
| 双创产出 | 22 | 高新技术产业产值占规上工业总产值比重 | % | 省科技厅、省统计局 |
| | 23 | 新产品销售收入占主营业务收入比重 | % | 省统计局 |
| | 24 | 孵化毕业企业数占在孵企业数比重 | % | 省科技厅 |
| | 25 | 万人专利申请量 | 件 | 省知识产权局 |
| | 26 | 专利所有权转让及许可收入增长率 | % | 省知识产权局、省统计局 |
| | 27 | 万名研发人员技术合同登记交易额 | 亿元 | 省科技厅 |

**四、后续研究方向**

当下人们对双创的定义、内涵并未形成统一认识，配套的统计监测制度尚未完善，双创相关统计监测指标获取存在困难，这为双创发展评价工作造成一定阻碍。本书构造的双创发展评价指标体系是基于已有研究，结合现有统计调查资料，从双创环境、双创活力、双创投入、双创产出四个方面构建的综合全面反映双创发展的指标体系。但是随着双创工作的继续推进、双创事业的不断发展、双创统计监测的不断完善，下一步可以根据实际情况，适当调整指标体系，建立更完善、更科学、更加符合省情的双创发展评价指标体系，并对双创发展评价指标体系进行测算与分析。

# 参考文献

[1] 王一鸣. 全面认识中国经济新常态 [J]. 政策瞭望, 2014 (12): 52-54.

[2] 金碚. 中国经济发展新常态研究 [J]. 中国工业经济, 2015 (1): 5-18.

[3] 简新华, 郭洋志. 中国经济发展新常态的几种误读 [J]. 新疆师范大学学报, 2015 (5): 36-41.

[4] 李扬, 张晓晶. "新常态": 经济发展的逻辑与前景 [J]. 经济研究, 2015 (5): 4-19.

[5] 李扬. 解读中国经济新常态 [M]. 北京: 社会科学文献出版社, 2015.

[6] 李稻葵. 新常态改变中国 [M]. 北京: 民主与建设出版社, 2015.

[7] 刘伟, 苏剑. "新常态" 下的中国宏观调控 [J]. 经济科学, 2014 (4): 5-13.

[8] 齐建国, 王红, 彭绪庶, 等. 中国经济新常态的内涵和形成机制 [J]. 经济纵横, 2015 (3): 7-17.

[9] 吴敬琏. 准确把握新常态的两个特征 [N]. 北京日报, 2015-05-04 (18).

[10] 国家行政学院经济学教研部. 中国经济新常态 [M]. 北京: 人民出版社, 2015.

[11] 管清友. 习近平常态: 未来 10 年中经济大趋势 [J]. 上海经济, 2014 (6): 8-10.

[12] 王子约, 重华. 确认 "新常态": 中国容忍经济放缓 [N]. 第一财经日报, 2014-05-13 (1).

[13] 吴敬琏. 中国经济转型 20 年困局何在? [J]. 财经界, 2015 (5):

52-56.

[14] 林兆木. 中国经济转型升级势在必行 [J]. 经济纵横, 2014 (1): 17-22.

[15] 刘志彪. 提升生产率: 新常态下经济转型升级的目标与关键措施 [J]. 审计与经济研究, 2015 (4): 77-84.

[16] 刘伟. 经济新常态与供给侧结构性改革 [J]. 管理世界, 2016 (7): 1-9.

[17] 张卓元. 以结构性改革实现经济转型升级的主要目标 [N]. 光明日报, 2016-10-12 (15).

[18] 迟福林. "十三五": 以经济转型为主线的结构性改革 [J]. 上海大学学报 (社会科学版), 2016 (2): 1-13.

[19] 迟福林. 经济转型升级与供给侧结构性改革 [J]. 浙江经济, 2017 (2): 19-20.

[20] 陈佳贵, 黄群慧, 钟宏武, 等. 中国工业化进程报告 [M]. 北京: 中国社会科学出版社, 2007.

[21] 四川省统计局, 国家统计局四川调查总队. 四川统计年鉴: 2015 [M]. 北京: 中国统计出版社, 2016.